Cornelia & Rüdiger Lohf

Oh, dieses Schwedisch!

Eine heitere und unterhaltsame Betrachtung der Sprache unserer Nachbarn

Band 2 aus der Reihe

Fremdsprech

Oh, dieses Schwedisch

Alle Informationen, schriftlich und zeichnerisch, wurden nach bestem Wissen zusammengestellt und überprüft. Sie waren korrekt zum Zeitpunkt der Recherche.

Die Autoren und der Verlag sind für Lesertipps und Verbesserungen (besonders als E-Mail) unter Angabe der Auflagen- und Seitennummer dankbar.

Dieses Buch hat 61 Seiten mit 6 Illustrationen und 2 schwarzweißen Abbildungen. Es wurde auf chlorfrei gebleichtem Papier gedruckt und der größeren Strapazierfähigkeit wegen mit PUR-Kleber gebunden.

Oh, dieses Schwedisch!
ISBN 978-3-86686-902-8 5. Auflage

Dieses OutdoorHandbuch wurde konzipiert und redaktionell erstellt vom Conrad Stein Verlag GmbH, Postfach 1233, 59512 Welver, Dorfstr. 3a, 59514 Welver, ☏ 02384/963912, FAX 02384/963913, info@conrad-stein-verlag.de, www.conrad-stein-verlag.de

Unsere Bücher sind überall im wohl sortierten Buchhandel und in cleveren Outdoorshops in Deutschland, Österreich und der Schweiz erhältlich.
Auslieferung für den Buchhandel:

D Prolit, Fernwald und alle Barsortimente
A freytag & berndt, Wien
CH AVA-buch 2000, Affoltern und Schweizer Buchzentrum
I Mappa Mondo, Brendola
NL Willems Adventure, LT Maasdijk

Text: Rüdiger & Cornelia Lohf
Titelbild: Jan Düsedau
Lektorat & Layout: Marie-Luise Großelohmann
Gesamtherstellung: AZ Druck & Datentechnik GmbH, Kempten

0049000

Inhalt

Einleitung

Wunderbar ist es zu reisen, andere Länder mit ihren Menschen zu entdecken und näher kennen zu lernen. Dabei ist es kein Geheimnis, dass der Versuch, in Zentralfrankreich auf Französisch Weißbrot zu kaufen, in Breda auf Holländisch ein Abendessen zu bestellen, in Schweden an der Tankstelle auf Schwedisch Motorenöl zu erstehen erst den Schritt hinter die Kulissen eines Landes ermöglicht.

Das Erlernen der Landessprache öffnet die Kommunikationskanäle und zeigt Respekt vor dem Gastgeber. In der Regel wird dies, unabhängig vom Land, mit doppelter Freundlichkeit belohnt.

Aber erst das korrekte Erlernen einer Fremdsprache öffnet die Schatzkiste zu den feinen Nuancen einer fremden Gesellschaft. Seit Januar 1991, lange vor der jetzt so populären Auswanderwelle, hat unsere Familie in Schweden gelebt und Wandel und Reformen des sogenannten "Schwedischen Modells" erlebt.

Die Faszination für Schweden hat uns den Schritt in das freundliche Land wagen lassen. Aus den ursprünglich geplanten 3 Jahren werden mittlerweile 17, und "Besserung" ist nicht in Sicht. Zwar sind wir nach acht Jahren in Dalarna in Mittelschweden und ebenso langer Zeit an der sonnenverwöhnten Ostseeküste in Blekinge nach Lappland gezogen, aber dem Land Schweden bleiben wir treu. Da, wo man sich wohl fühlt, ist man eben zu Hause.

Ich erinnere mich an die Situation, als ich mit meinem ersten Volkshochschulschwedisch und im Alter von 20 Jahren mit meinem Opel Kadett eine Tankstelle im südlichen Schweden ansteuerte und feststellte, dass der Ölstand zu niedrig war. Ich ging an die Kasse und sagte: "Jag behöver öl till motorn". Der Tankwart schmunzelte und im gleichen Augenblick wurde mir bewusst, dass ich *olja* meinte. Ich hatte in diesem Fall gesagt: "Ich brauche Bier für den Motor", denn *öl* bedeutet Bier, während *olja* dem deutschen Öl entspricht.

So ist das, wenn ein Wort der eigenen Muttersprache eine andere Bedeutung in einer Fremdsprache hat. Davon gibt es reichlich Beispiele. Später komme ich im Kapitel "Falsche Freunde" darauf zurück. Wer nun eine wissenschaftliche Abhandlung erwartet, der hat leider das falsche Buch gekauft, aber die eher praktischen Betrachtungen und Erfahrungen sollen dennoch

Spaß bringen und zum Schmunzeln auf der deutsch-schwedischen Sprachbrücke verleiten.

Einige Fakten sorgen für die notwendige Ernsthaftigkeit, aber damit auch garantiert nicht meine ursprüngliche Studienratmentalität durchbricht, haben meine Frau und ich uns entschieden, dieses Buch gemeinsam zu verfassen. Wenn es also droht zu trocken zu werden, dann kann der Kurs mit praktischen Ergänzungen sogleich aufgelockert werden.

Spaß und Information harmonisch vereint, so stellen wir uns die Beschreibung der schwedischen Sprache vor. Sprache ist nämlich etwas sehr Praktisches, auch wenn dies den wenigsten Sprachlehrern heute bewusst ist. Beschäftigung mit einer Sprache soll keinesfalls einer Art Selbstbefriedigung dienen, Sprachen sollen verbinden, eine Sprache sucht die Koalition.

Cornelia hatte jahrelang ein Übersetzungsbüro und leitete Deutschkurse für den praktischen Bedarf, bevor sie 2003 ganz in die Touristik wechselte, die auf landeskundliches Knowhow angewiesen ist. Leider hat sich auch der negative Trend in Sachen Interesse für die deutsche Sprache weiterentwickelt Nach einer regelrechten Renaissance für das Fach Schuldeutsch im Jahre 1990 ebbte die Nachfrage bis heute konstant ab.

Das liegt zum einen daran, dass die meisten Lehrer über die Sprache sprechen und sich hinter der Grammatik verstecken. Sie vergessen zu häufig, die Sprache für den alltäglichen Gebrauch zu trainieren. Zum anderen ist das Image Deutschlands kein modernes. Erst im Frühjahr 2006 lief ein Fernsehprogramm, das Innovationen der Automobilindustrie untersuchte. Gewinner in Sachen Technik wurde in dieser Sendung BMW. Als alle Testwagen am Moderator abschließend vorbeifuhren, verkniff er sich nicht den militärischen Gruß, als die deutsche Limousine an ihm vorbei rollte.

Das war dennoch nur Spass. Trüb wurde das Deutschlandbild erst, als in Deutschland endlich über die Schaffung mehrerer Kinderbetreuungsplätze debattiert wurde. Als Vertreter des 19. Jahrhunderts Schweden als negatives Beispiel ("Kinderbetreuer und nicht die Mütter bestimmen die Erziehung der Kinder") in der Diskussion anführten, da sank die Popularität des offiziellen Deutschlands in den Keller. Die niedrige Geburtenrate des wichtigsten Handelspartners beunruhigt durchaus wichtige soziale Kreise in Skandinavien. Schweden hingegen hat die höchste Geburtenrate in Europa und die Einwohnerzahl wächst.

Nun, die Schweden haben Sinn für Humor, doch das Ignorieren gesellschaftlicher Grundbedürfnisse an der Lebenswirklichkeit vorbei wird nicht akzeptiert. Da wird gleich wieder das konservative Deutschland wach, und keine Fussball-WM kann das ändern.

Nun, die Schweden haben Sinn für Humor, aber sollte es nicht heißen - Technik modern, Gesellschaft stehen geblieben. Junge Schweden verstehen einfach nicht, warum man sich mit z.B. Frau Schmitz und "Sie" anspricht, obwohl man vielleicht schon jahrelang im gleichen Büro sitzt. Ich kann dies meinen skandinavischen Mitarbeitern nicht wirklich plausibel erklären. Schade - das Interesse für eine Sprache wird heute nicht mehr rein durch die Brille des wirtschaftlichen Nutzens gesehen, sondern eher durch das Image und den Spaßfaktor, das der Sprache anhaftet. Eine andere erfolgreiche Frechheit der Schweden ist der Slogan "Wohnst du noch oder lebst du schon?" Dieser Slogan würde in Schweden nie verstanden werden, aber schwedische Marketingleute drücken hier das Bild der Deutschen unverblümt aus - und die Deutschen scheinen es zu mögen.

Tatsache ist, dass die deutsche Sprache in Skandinavien allein in den vergangenen 15 Jahren immer weniger nachgefragt wurde.

Der Nutzen einer Fremdsprache liegt in erster Linie im Gebrauch (und nicht im Erklären und Besprechen). Nutzen hat man in Schweden vom Englisch. Die Schweden haben, wie viele kleinere Nationen, einen riesiger Vorteil in der Welt des Films. In Schweden werden Filme nicht synchronisiert, sondern mit Untertiteln versehen, also "textat" wie die Schweden sagen ("mit Text versehen"). So sprechen zwar die Kollegen Schimanski und Derrick Deutsch, aber der größere Unterhaltungsanteil kommt aus der angloamerikanischen Welt. Nun, wer Sean Connery einmal im Original (mit Untertiteln) gesehen und gehört hat, wird nicht mehr von der Kunst des Synchronisierens sprechen, sondern von der Unart der Verschandelung einer persönlichen schauspielerischen Note.

Das klingt geschwollen, ist aber durchaus ernst gemeint. Einer von Connerys Bond-Nachfolgern, Timothy Dalton, regte sich einmal darüber auf, dass das sog. "dubbing" gar nicht zum "Volk der Dichter und Denker" passt. Naja, Deutschland hat gewiss nicht mehr oder weniger Begabte auf diesem Gebiet als andere Nationen.

Das permanente Englisch auf schwedischen Kanälen führt aber zweifelsohne dazu, dass man mit nahezu jedem Schweden Englisch sprechen kann. Selbst Schweden, die Deutsch gelernt haben, bevorzugen aus einem einfachen Grund die englische Sprache: Beide Gesprächsteilnehmer wenden eine neutrale Sprache an, also nicht die Muttersprache. Das Neutrale daran kommt der schwedischen Mentalität sehr entgegen. Es öffnen sich aber alle Türen, wenn man als Gast selber einige Sätze auf Schwedisch kann.

Also, zurück zum angewandten Sprechen. Meine Schwedischlehrerin an der Universität Göttingen meinte seinerzeit, dass wir ruhig im Abendkurs ein Gläschen Wein oder Bier trinken sollten, dann würde die schwedische Intonation besser klappen. Wie recht sie doch hatte!

Allerdings führt übermäßiger Alkoholgenuss nicht nur bei Schweden dazu, dass die Intonation überschwappt und Worte unverständlich werden. Vielleicht können wir mit diesem Buch alte und neue Schwedenfans motivieren, die schwedische Sprache zu erlernen, um den liebenswerten Menschen dieses wunderbaren Landes noch näher zu kommen.

Sie selber eröffnen sich eine ungeahnte Freundlichkeit bei unseren nordischen Nachbarn - versprochen!

Über die Autoren

Rüdiger (Jahrgang 1960, aus Bad Pyrmont im Weserbergland) und Cornelia Lohf (Jahrgang 1957, aus Bochum) leben seit Anfang der 90-er Jahre in Schweden. Zunächst in Särna und Idre in der Bergprovinz Dalarna in Mittelschweden, dann vom Dezember 1998 in der Ostseeprovinz Blekinge im Südosten. Seit 2007 wohnen sie nun 2.000 km weiter nördlich, in Lappland in der Nähe des Icehotels. Rüdiger ist Inhaber und Geschäftsführer der Reiseagentur

"Best Of Scandinavia Incoming AS", die ihrem Hauptsitz in Norwegen hat. Kunden sind namhafte Reiseveranstalter und Firmen aus deutschsprachigen Ländern aber auch aus Übersee. Ausserdem betreut die Agentur Fernseh- und Filmproduktionen. Er ist Verfasser einiger Skandinavienberichte und der OutdoorHandbücher "Kungsleden" und "Skåneleden", ebenfalls erschienen im Conrad-Stein-Verlag.

Cornelia hatte viele Jahre ein Übersetzungsbüro (Syntax). Einige Zeit hatte sie auch für eine Versicherung Schadensfälle zwischen Deutschland und Schweden reguliert, ein interessanter Einblick in die Mentalität. Seit 2003 hat sie sich völlig der Touristik verschrieben. Sie kreiert die Produkte für das Familienunternehmen, das gemeinsam mit einer befreundeten Familie in Norwegen betrieben wird.Die Nachfrage nach organisierten Reisen in das Land, "wo Märchen Wirklichkeit werden" (Slogan der Astrid-Lindgren-Welt in Vimmerby) machten diese Wahl sehr leicht. Wie schon bei ihren Übersetzungen und Deutschkursen geht es darum, kulturellen Fettnäpfchen auszuweichen.

Cornelia, hier mit dem Wallander-Darsteller Krister Henriksson

Rüdiger und Cornelia haben inzwischen auch schwedische Pässe, haben jede Ecke des Flächenlandes bereist und ihre drei Kinder, Sebastian, Lara und Felix, sind zweisprachig aufgewachsen. Ihnen ist dieses Buch gewidmet.

Wie wir zum Schwedisch kamen

Schweden ist kein Massenreiseziel, sondern ein Land, das vor allem emanzipierte und für Entdeckungen offene Reisende anspricht.

Schweden kommt bestimmt nicht einfach zu Ihnen vor die Tür, Schweden muss man suchen und finden. Mutter Zufall war es auch bei uns, die uns den Blick in den Norden wies. Im Sommer 1972 eröffnete mein Vater, eigentlich gestresster Geschäftsmann, meiner Mutter: "Wenn wir dieses Jahr Urlaub machen wollen, dann müssen wir eigentlich morgen losfahren."

So geschah es, dass meine Eltern mit meiner jüngeren Schwester und mir tags darauf nach Travemünde und weiter mit dem Schiff nach Trelleborg reisten. Wir besuchten Småland, Blekinge und Gotland. Seitdem schlägt mein Herz für Schweden.

Ich lernte auf der Volkshochschule Hameln während meiner Abiturzeit einige Brocken Schwedisch, später, als ich Geschichte und Germanistik an der Georg-August-Universität in Göttingen studierte, belegte ich den Sprachkurs Schwedisch. Dann war ich einige Zeit in Schweden, um an der Westküste an einem Sprachkurs des Schwedischen Instituts teilzunehmen.

Immer mehr schwedische Bekannte förderten zahlreiche Besuche im Land. Meine Frau Cornelia lernte ich folglich auf einer Kanutour in Südschweden kennen. Sie war zum ersten Mal hier und gleich begeistert. Wer einmal in Schweden war, kommt fast immer wieder. Später sind wir gleich hier geblieben.

Die feinen Nuancen einer Sprache lernt man erst im Land. So sprechen wir heute fließend Schwedisch, aber unseren deutschen Akzent haben wir nicht abgelegt, während unsere Kinder beide Sprachen akzentfrei beherrschen.

Wo ist Skandinavien?

Die skandinavischen Länder, zu denen wir vereinfacht Norwegen, Schweden, Dänemark, Island und Finnland rechnen, haben einen beachtlichen Anteil an der Fläche Europas. Zwar haben 30 Jahre Wetterkarte in der Tagesschau unser geografisches Europabild im Unterbewusstsein geprägt und dazu geführt, dass viele meinen, Marokko sei ein Teil Europas und 5 km nördlich von Stockholm sei Europa zu Ende, aber in Wirklichkeit entspricht die Linie Nordkap-Kopenhagen der gleichen Strecke wie Kopenhagen-Sizilien! Die Mitte Europas liegt übrigens offiziell bei Vilnius in Litauen, also in einem Ostseeland.

Kulturell und sprachlich sind die nordischen Länder jedoch kein Schwergewicht, sicherlich deshalb, weil die Einwohnerzahl gering ist. Die Länder der Skandinavischen Halbinsel, Schweden, Norwegen und Finnland, haben zwar 1,1 Mio. km² Fläche aufzuweisen, aber nur 18 Mio. Einwohner.

Fast ein halbes Jahrhundert aufgezwungene bzw. freiwillige Abstinenz vom Geschehen in Europa in Form von sogenannter Neutralität hat das Interesse für den Norden auf dem "Kontinent" nicht gerade gefördert.

Zwar gelang es mit ABBA und IKEA schwedische Leistungen in das Bewusstsein der mitteleuropäischen Bewohner zu rücken, aber erst der EU-Beitritt Schwedens und Finnlands bedeuten ein mehr oder weniger entschiedenes Ja zur aktiven Teilnahme an der Entwicklung Europas.

Dennoch hat und hatte der Norden über Jahre viele Entdecker und Liebhaber, die Jahr für Jahr den Weg in den Norden fanden. Zunächst wurde das Nachbarland Dänemark zum beliebten Urlaubsziel, sogar in solch einem Umfang, dass manche Dänen das Landeskennzeichen DK im Sommer als "Deutsche Kolonie" bezeichnen, jedoch keinesfalls böse gemeint. Denn man lebt gut mit und von deutschen Gästen.

Die 68er-Generation vor allem entdeckte die Freiheiten Schwedens. Das Jedermannsrecht, einzigartig in Europa, garantiert freien Zugang zur Natur, für jedermann. Jährlich genießen über 700.000 deutschsprachige Gäste die Freiheit und sozusagen natürliche Gastfreundschaft des größten der skandinavischen Länder. Heute hat das Schwedische Königreich, so die offizielle Landesbezeichnung, etwa 9.1 Mio. Einwohner (2006)auf einer Fläche von knapp 450.000 km² (Deutschland: 356.000 km²). Skandinavien bietet eigentlich das, wovon viele Deutsche sprechen: heile Natur, lebendige Kultur und freundliche (liebenswerte!) Menschen. Ein Paradies für Kinder ist es obendrein.

Nordische Sprachen

In Skandinavien verbreitete Sprachen gehören zwei Sprachfamilien an: Schwedisch, Dänisch, Norwegisch und Isländisch gehören grammatikalisch, wie das Deutsche, Französische oder Polnische, zu den indogermanischen Sprachen. Was die Wortbildung betrifft, so gehören die genannten nordischen Sprachen zum Germanischen, sind also auch mit dem Deutschen und Niederländischen verwandt.

Finnisch und Samisch gehören hingegen zu der Finnisch-Ugrischen Sprachfamilie, zu der auch Estnisch und Ungarisch gezählt werden. Insofern ist verständlich, dass die Skandinavier eine kulturelle und eine geographische Bezeichnung für die nordischen Länder parat haben.

Geografisch gehört Finnland zu den nordischen Ländern (schwedisch: *Norden*), kulturell jedoch nicht. Spricht man in Schweden von Skandinavien, so meint man korrekt den kulturellen Raum ohne Finnland.

In der deutschen Sprache unterscheiden wir praktisch nicht zwischen dem kulturellen und geographischen Raum Skandinavien. Deshalb rechnet man allgemein auch Finnland zu Skandinavien. Experten aber legen Wert auf die erwähnten Nuancen.

Streng sprachwissenschaftlich entspricht das Isländisch dem Altnordischen. Schwedisch, Norwegisch und Dänisch unterscheiden sich nicht mehr voneinander als manche Dialekte im deutschen Sprachraum.

Dänisch spricht man im dänischen Mutterland und außerdem lebt eine dänische Minderheit in Schleswig-Holstein. Bis heute fehlt eine geografisch klare Sprachgrenze zwischen dem Deutschen und Dänischen. So wie es eine große dänische Minderheit im nördlichsten Bundesland gibt, so lebt eine entsprechende Anzahl Deutscher in Dänemark.

Heute, wo Grenzen an Bedeutung verlieren, spielt die fließende Sprachgrenze keine Rolle mehr. Anders aber ist es zwischen Deutschland und Schweden. Zwar standen einige norddeutsche Landstriche, vor allem in Mecklenburg und Pommern, bis 1815 unter schwedischer Verwaltung, aber seitdem bildet die Ostsee eine klare Sprachgrenze. Ab Trelleborg, dem südlichsten Hafen in Schweden, wird Schwedisch gesprochen, ab Saßnitz, dem nächsten deutschen Hafen auf der Insel Rügen, gilt die deutsche Sprache.

Beide Häfen sind übrigens seit nunmehr fast 100 Jahren mit der kürzesten direkten und seit der Wiedervereinigung wichtigen Fährlinie zwischen Deutschland und Schweden verbunden. Die seit 1909 betriebene "Königslinie" wird von der dänisch-deutsch-schwedischen Reederei Scandlines bedient.

Zu ergänzen bleibt zur Dänischen Sprache noch, dass auch auf den ehemals dänischen Inseln Grönland und Färöer teilweise noch Dänisch bzw. eine vom Dänischen abgeleitete Sprache (Färöisch) gesprochen wird.

Schwedisch jedoch war und ist die nominell vorherrschende Sprache in Skandinavien. Neben dem Mutterland spricht man in großen Teilen Finnlands Schwedisch. In Norwegen war bis 1905 offiziell Dänisch die Amtssprache, allerdings wich die gesprochene Sprache regional so stark vom Dänischen ab, dass man seit der Selbstständigkeit Norwegens die Sprache immer wieder reformierte, um sie der Praxis anzupassen, und heute existieren sogar verschiedene Sprachregeln parallel. Die Schriftsprache kann ihre Nähe zum Dänisch nicht verleugnen, die gesprochene Sprache entspricht allerdings mehr dem Schwedischen.

Was wäre Schwedisch ohne Deutsch?

Zu den Zeiten, als Schweden noch eine Großmacht war, betrachteten Schweden ihre Sprache als die Vormachtsprache im Norden, ja mehr noch, als die Sprache der Ehre schlechthin.

Romanische Sprachen fand man zu weich, Germanisch zu schroff, glänzende Ausnahme, natürlich, die schwedische Sprache. So drückte in einem nationalistischen Gedicht von 1817 Esaias Tegnér den Wert seiner Sprache aus.

Ärans och hjelternas språk! Hur ädelt och manligt du rör dig,
ren är som malmens din klang, säker som solen din gång.
Vistas på höjderna du, der åskan och stormarna tala,
Dalarnas lägre behag äro ej goda för dig.
Spegla ditt anlet i sjön, och friskt från de manliga dragen
Tvätta det främmande smink, kanske det snart är för sent.

Der Ehre und der Helden Sprache! Wie edel und männlich du dich bewegst,
Rein wie Eisen ist dein Klang, sicher wie die Sonne, dein Gang.
Verweilst auf den Höhen, wo Donner und Stürme sprechen,
Der Täler niedere Behaglichkeit ist nicht gut für dich.
Spiegel dein Antlitz im See, und frisch von den männlichen Zügen
Wasch die fremde Schminke, vielleicht ist es bald zu spät.

Man sagt zwar heute in Schweden, dass es früher keine Drogenprobleme gab, aber wer so etwas verfasst hat, der kann nicht nüchtern gewesen sein. Sehr nüchtern betrachten deshalb auch moderne schwedische Sprachwissenschaftler die Aussage, dass Schwedisch eine reine Sprache sei.

Der Anfangssatz "Ärans och hjelternas språk" (*hjelte* = heute *hjälte)* hat exakt nur ein rein schwedisches Wort zum Inhalt, das Wort *och* (und). Die anderen Wörter sind aus dem Deutschen entlehnt.

Vor gut 1.000 Jahren gab es so etwas wie die germanischen Sprachen. Ab etwa 800 n.Chr. erst entwickelten sich differenzierte germanische Sprachen, wobei Schwedisch fundamental vom Deutschen, genauer vom Mittelniederdeutschen, abstammt. Wie alle anderen westeuropäischen Sprachen kam der zweite große Einfluss vom Romanischen, das auf Latein aufbaut. Ein etwas konstruiertes Beispiel soll das verdeutlichen:

Omständigheterna blir oerhört komplicerade, måste kommittén konstatera: accelererande statsfinansiella besvär, olyckliga politiska manövrer samt naiva ekonomiska kompromisser riskerar nationens välstånd.

Die Umstände werden unerhört kompliziert, muss das Komitee feststellen (konstatieren): Verstärkte staatsfinanzielle Bürden, unglückliche politische Manöver sowie ökonomische Kompromisse riskieren den Wohlstand der Nation.

Dieser Satz könnte ein Versatzstück aus jeder x-beliebigen Politikerrede sein, aber die Ähnlichkeit der Sprachen ist verblüffend. Aus dem Deutschen stammen beispielsweise u.a. die Wörter:

äran - die Ehre
hjältar - Helden
språk - Sprache
omständighet - Umstand
bliva - bleiben, werden
oerhört - unerhört
måste - müssen

Unter diesen Umständen versteht man die Frage des schwedischen Sprachforschers Henrik Williams: Wie würden wir (Schweden) sprechen, wenn die Sprache nicht von Außen beeinflusst worden wäre?

Der deutsche Einfluss hat seine Ursachen. Zur Hansezeit war er in den bedeutenden schwedischen Städten markant. Die damals wichtigsten Städte Kalmar, Karlskrona, Visby und Stockholm hatten allesamt deutsche Viertel, eine deutsche Kirche (die noch heute steht) und natürlich deutsche Handelsleute unter den Stadtverordneten, die ihre Interessen wahrnahmen.

Im 14. Jahrhundert verordneten einige Städte, dass mindestens die Hälfte der Stadtversammlung aus Schweden bestehen musste, da das Deutsch bereits auf dem Weg war, Amtssprache in den Städten zu werden.

"Reine" Sprachen gibt es in der heutigen grenzenlosen Welt ohnehin kaum noch. Alle Sprachen haben ihren Wortschatz mit neuen Schöpfungen und vielen Lehnwörtern ergänzt und bereichert. So haben gerade nach dem Zweiten Weltkrieg die westeuropäischen Sprachen mit Anglizismen nicht gegeizt.

In Schweden wurden heftige sprachwissenschaftliche Diskussionen darüber geführt, ob die Minoritätssprache Schwedisch ganz ausstirbt.

Wer sich aber auch jetzt noch entscheidet die nordische Sprache zu lernen, den kann ich beruhigen. Auch in überschaubarer Zeit wird es eine selbstständige schwedische Sprache geben, nicht mehr oder weniger beeinflusst von fremden Sprachen als früher schon.

Eines der wichtigsten Lehnwörter kam nicht aus dem Deutschen und schon lange vor diesem Jahrhundert in die schwedische Sprache: Frau heißt *kvinna*, abgeleitet vom englischen Wort *queen* (Königin).

Welche Sprache soll ich lernen?

Wer ein Faible für Skandinavien hat, der wird auch eine der Sprachen lernen wollen. Relevant sind Schwedisch, Norwegisch und Dänisch. Wer Schwedisch gelernt hat, der kann sich leicht in Norwegen verständigen. Gerade mit Deutsch als Muttersprache lassen sich norwegische Wörter, die vom Schwedischen abweichen, über die deutsche Sprache erraten.

Außerdem spricht man an der finnischen Westküste und in Helsinki (schwedisch: Helsingfors) verbreitet Schwedisch, sog. Ostschwedisch mit starker finnischer Färbung hinsichtlich der Aussprache. Dänisch kann man zumindest lesen. Die sprachliche Abweichung ist mittlerweile soweit fortgeschritten, dass jüngere Dänen und Schweden lieber Englisch als "nordisch" miteinander reden.

Die starke Abweichung zwischen Dänisch und Schwedisch spielt sogar eine Rolle im Zugverkehr über die Öresundbrücke zwischen Malmö und

Kopenhagen. Alle Lokführer haben das Recht ihre Muttersprache zu sprechen, aber eine Dienstanweisung, so berichtet das "Sydsvenska Dagbladet", fordert dazu auf, bitte langsam und deutlich zu reden, denn einige Wörter und Zahlen können zu Verwechslungen führen.

Die dänische Aussprache gehört gewiss zu den letzten großen Herausforderungen des Fremdsprachenlernens. Wer also auf regional umfassende Sprachkenntnis setzt, ist mit Schwedisch gut beraten, zumal die Aussprache für die deutsche Zunge noch am bequemsten unter den nordischen Sprachen ist.

Wer natürlich sein Herz im lieblichen und lebendigen (das müssen auch Schweden neidlos anerkennen) Dänemark oder im faszinierenden Norwegen verliert, der wird sich für das Erlernen dieser "Dialekte" entscheiden.

Finnisch ist, wie bereits erklärt, nicht mit diesen Sprachen verwandt. Weder Grammatik noch Wortschatz haben irgendeine Verwandtschaft mit den germanischen Sprachen.

Schwedische Bekanntschaften

Seitdem der Koch der einstigen Kultserie "Muppets" das Wort "Smørebrød" in den Mund nahm, scheint es jeder, der das Wort "Schweden" hört, ebenso mit diesem Land zu verbinden wie ABBA, Volvo oder IKEA. Allerdings gibt es das besagte Wort gar nicht in der schwedischen Sprache. Der Buchstabe ø kommt sowohl im Dänischen als auch im Norwegischen vor, die schwedische Sprache hingegen schreibt, wie wir, ein ö.

Smørebrød ist Dänisch und bedeutet Butterbrot, wobei *smør* ursprünglich Schmiere bedeutet, was ja einen gewissen Sinn macht. Auch die Schweden kennen das Wort *smör*. Es ist abgeleitet von *smörja* (schmieren, Schmiere) und bedeutet Butter.

Das Butterbrot, die Berliner sagen "Stulle", heißt jedoch *smörgås*. Dabei bedeutet *gås*, um die Verwirrung komplett zu machen, eigentlich Gans. Dann lasse man sich die geschmierte Gans mal schmecken. Berühmt ist der schwedische *smörgåsbord* - das große kalte Büfett, über das nachweislich deutsche Fährreisende als erste und alle gleichzeitig auf der Reise in den Norden herfallen, als sei eine ernsthafte Lebensmittelknappheit zu befürchten, während schwedische Reisende dem Irrglauben verfallen, dass billiger Alkohol in Mengen genommen verträglicher sei.

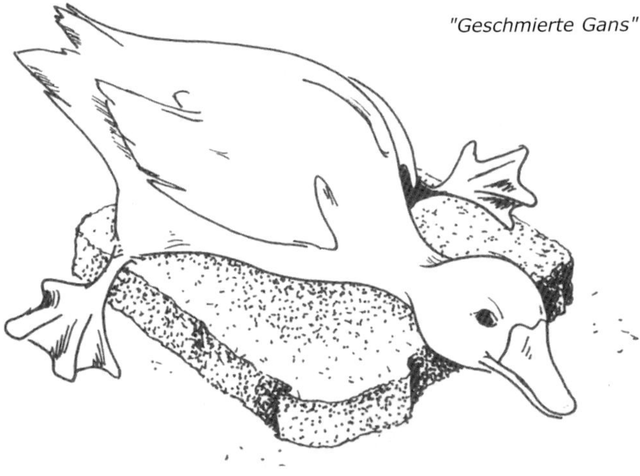

"Geschmierte Gans"

Der *smörgåsbord* klingt auf Deutsch übersetzt kulinarisch weniger spannend: Butterbrotstisch. Oft benutzen Deutsche im Norden das Wort Smörgåsbord als Lehnwort, bekannter jedoch ist eine rein schwedische Erfindung. Der Ombudsman, nur mit einem "n", da wir Lehnwörter in der deutschen Sprache ungern verändern. In Deutschland sind etwa der Wehrbeauftragte oder der Datenschutzbeauftragte solche Treuhänder, also ein Ombudsman.

Das Hochdeutsch kennt wenige Begriffe aus dem Schwedischen. Wer allerdings des norddeutschen "Platt" mächtig ist, der wird schnell sprachliche Verwandtschaften ohne langes Vorstudium entdecken: *Tid, Klock, Büchse* und *Hüs* entsprechen in der schwedischen Sprache übersetzt Zeit, Uhr, Hose und Haus. Besonders das Friesische hat eine Reihe sprachlicher Ähnlichkeiten aufzuweisen.

Im Süden Deutschlands kennt man zwar diese sprachliche Verwandtschaft nicht, aber der schwedische Brauch des Mittsommerfestes wurde vermutlich während des Dreißigjährigen Krieges (1618-1648) bis weit in den Süden getragen. Heute noch kennt man etwa in Bayern das Aufstellen des Maibaums, dessen Ursprung eigentlich das Mittsommerfest ist.

Ein weiterer Begriff, der uns an Schweden erinnert, sind die "schwedischen Gardinen", die in der deutschen Umgangssprache Gefängnisgitter bezeichnen. Gewiss stammt der Begriff aus jenen Zeiten, als Schweden einer der weltweit größten Eisenerzproduzenten war. Auch Deutschland zählte und zählt zu den Abnehmern schwedischen Metalls. Aber kein Artikel wie Möbel aus Schweden hat sich so als Synonym für das Land im Norden eingeprägt. IKEA scheint fast noch schwedischer zu sein das Königshaus?!

Falsche Freunde

"Hund räddade man" - so stand es in der Zeitung, und gerade nach Schweden gekommen, übersetzte unser Landsmann richtig "Hund rettete Mann". "Nya glasögon för pensionärer" - das konnte ja nicht so schwer sein! Es musste heißen "Neue Glasaugen für Pensionäre". Aber warum Glasaugen? Ein Blick ins Wörterbuch gab Gewissheit. Das Wort *glasögon* bedeutet Brille.

Ein anderes Beispiel für diese sog. "falschen Freunde" ist das Wort *halm.* Es bedeutet nicht Halm auf Deutsch, sondern Stroh. Das schwedische Wort *strå* wiederum wird zu Halm im Deutschen. Strohhalm wird also zu *halmstrå,* aber nur im Sinne von Naturstrohhalm, denn der Strohhalm zum Trinken heißt *sugrör,* also Saugrohr.

"Här finns de bästa kräftorna" titelte, wie eigentlich jedes Jahr im August, der "Expressen", die größte Abendzeitung des Landes. Zu deutsch bedeutet diese Überschrift: "Hier gibt es die besten (Fluss-)Krebse". In Schweden gibt es die Tradition im August Flusskrebse zu essen oder im Aquavit zu ertränken.

Ein Freund unserer Familie fragte, was die Überschrift mit den "besten Kräften" zu bedeuten hätte. Ich klärte ihn auf und er stellte enttäuscht fest, dass manche Wörter einen durchaus auf die falsche Fährte bringen.

Ich erinnere mich an ein Gespräch, das ich vor Jahren mit einigen schwedischen Touristikkollegen und einem Bekannten, der einigermaßen gut Schwedisch spricht, führte. Abschließend meinte mein deutscher Partner: "Nu måste vi samla alla kräftor", was zu ungezügelter Heiterkeit sorgte, denn Krebse wollte niemand sammeln. "Nun müssen wir alle Kräfte sammeln" sollte gesagt werden, was korrekt heißt: "Nu måste vi sammla alla krafter". Kleine Ursache - große Wirkung.

Derartige Stolpersteine scheint jede Sprache parat zu haben. Manche Ausdrücke bedeuten nur scheinbar das Gleiche. So sagen Deutsche gerne: "Det smakade ganska bra". In dem Glauben, dass *ganska* dem deutschen "ganz" entspricht, meint man dem Koch oder der Köchin ein Kompliment zu machen; doch weit gefehlt. *Ganska* hat eher die Bedeutung von "ziemlich" oder "einigermaßen" angenommen.

Es entspricht glücklicherweise nicht der schwedischen Mentalität gleich mit der Bratpfanne auf jemanden loszugehen, aber für die Äußerung "Das Essen schmeckte einigermaßen gut" darf man keine Freude erwarten. Verwundert ist der Gastgeber vielleicht, dass das mittelmäßige Urteil unter strahlendem Lächeln geäußert wurde. Es fehlte das berühmte Wörtchen *mycket* (sprich mücket - oft wird aber das "t" verschluckt) - also sehr. *Mycket bra* bedeutet also "sehr gut" und nicht, wie manch ein deutscher Tourist vermutete, "viele Mücken".

Lautliche Affinität kann häufig auf den Holzweg führen. Beliebt ist in Schweden eine Karikatur. Der Schwede zeigt auf einen See und sagt "Särsjön". Das ist ein Eigenname eines bekannten Gebirgssees u.a. am Wanderweg Kungsleden. Der Deutsche nickt und meint zustimmend: "Jaja, sehr schön!". Das Wort *sjön* (sprich schönn) bezeichnet einen See, während das deutsche Ohr immer nur "schön" versteht.

Sagt ein Schwede: "Det är inte mitt gebit", so meint er nicht, dass ihm das Land (Gebiet) nicht gehört. Das Wort *gebit* hat die Bedeutung von Fachgebiet angenommen, während das Gebiet, im Sinne von Region, *område* oder *areal* heißt. Spricht der Schwede von *geist*, so meint er den Schwung und Elan eines Menschen. *Pampig* hat eine gänzlich andere Bedeutung angenommen. "Ett pampigt slott" ist ein "pompöses Schloss".

Gefährlich kann es auch sein, deutsche Redewendungen direkt ins Schwedische zu überführen. Wahr ist das Vorkommnis mit einem deutschen Diplomaten, der sich formell für einen gelungenen Abend bedanken wollte und anständig anführte: "Jag betackar mig för denna kväll". Die Silbe "be-" verleiht der Aussage einen ironischen Touch, etwa "Na, für diesen Abend kann man sich ja nur bedanken", im Sinne von "Das war wohl nichts". "Jag tackar för denna kväll" hätte den Ton richtig getroffen (Ich danke für diesen Abend).

Diese Phänomene belegen, dass Wörter gleichen Ursprungs und gleicher Bedeutung in verschiedenen Sprachen, also in verschiedenen Umfeldern, völlig andere Bedeutungen erhalten können. Abrunden kann ich dies mit einem gerne genannten Beispiel. *Springa* bedeutet nicht mehr "springen" im Deutschen, sondern "laufen". *Hoppa* hingegen bedeutet neben "hüpfen" auch "springen". Also: Verwechslungsgefahr!

Diese Entwicklung entdeckt man bei genauem Hinsehen auch zwischen den skandinavischen Sprachen. *Roligt* bedeutet im Schwedischen "spaßig" oder "witzig", doch in Norwegen entwickelte sich die Bedeutung zu "ruhig" - ein krasser Unterschied!

Auch die schwedischen Zöllner können sich nicht geschmeichelt fühlen, denn das schwedische Wort *tull* (Zoll) bedeutet in Norwegen "Blödsinn" - so sehr das inhaltlich auch diskutiert werden kann. Bleibt noch zu ergänzen, dass der Zoll in Norwegen *told* heißt.

Doch noch einmal zurück zu einem deutsch-schwedischen Missverständnis, das bei Studenten regelmäßig zu Belustigung führt. Wenn der deutsche Student berichtet, dass sein Sommersemester von April bis Juli geht und das Wintersemester von Oktober bis Februar, dann kann es sein, dass der schwedische Gesprächspartner glaubt, in Deutschland arbeitet man nicht, denn *semester* heißt "Urlaub".

Vielleicht haben manche Universitäten dieses Wort mal aus dem Schwedischen entlehnt? Das Semester hingegen ist im Schwedischen *termin* und der Termin wird einfach zu *tid* oder *tidpunkt* (eigentlich Zeitpunkt) - so einfach ist das.

Da weiß der Schwedenbesucher doch schon bald, dass das Wort *stuga* das Haus oder die "gute Stube" bezeichnet. Am Supermarkt freut mach sich schon, als es seine *Backstuga* gibt. Endlich Gebäck! Fehlanzeige. Ein "back" ist nur eine (Leergut-) Kiste. In der *backstuga* wird also jegliches Leergut zurückgegeben, übrigens schon seit 1991 mit einem modernen, unkomplizierten und funktionierenden Pfandsystem - auch für Dosen.

Eine *ringaktion* ist übrigens eine beliebte Alternative zu den "Buschtrommeln". Es werden keine Ringe verteilt, sondern es wird schnell nach einer feststehenden Liste über das Telefon informiert. Ringa bedeutet anrufen. Solche Telefonrundrufe sind u.a. in Schulen und Vereinen verbreitet.

Der *hallåman* ist im Übrigen kein freundlicher Türsteher, sondern der Fernsehansager, ein witziger Ausdruck, der leider auf dem Rückzug ist.

Eine völlig andere Bedeutung hat das Verb *svimma*. Wir nehmen zunächst auf Grund des gängigen Wortes Swimmingpool an, dass es schwimmen bedeutet. Allerdings bedeutet es in Ohnmacht fallen. Schwimmen hingegen hat einen Buchstaben weniger: *simma*. Man kann allerdings ganz gelassen bleiben. Die Anzahl der "falschen Freunde" ist recht übersichtlich und schnell erlernbar.

Schwedische Besonderheiten

Das Alphabet

In der schwedischen Sprache fällt dem Reisenden zunächst ein Buchstabe ins Auge. Erreicht man das Land über den Hafen Helsingborg, so durchfährt man wahrscheinlich einen dieser Orte: Åstorp, Ödåkra, Bårslöv oder Vallåkra. Oder man gelangt in den charmanten Badeort Åhus an der schonischen "Riviera".

Im Dänischen und Norwegischen schrieb man das å bisher stets als aa, aber auch dort geht man mehr zum å über. Ein Doppel-A führt bei der Aussprache gewiss in die Irre. Denn würden wir "Astorp, Ödakra oder Ahus" sagen, so würde ein Schwede gewiss nicht gleich verstehen, welchen Ort wir meinen.

Das Å oder å ist ein vollwertiger Selbstlaut, für dessen völlig korrekte Aussprache wir keine Entsprechung im Deutschen kennen. Vereinfacht wird oft erklärt, dass das "Kringel-A" eine Mischung aus O und A sei. Ich weiß zwar, dass das å auf meiner schwedischen Tastatur dort steht, wo wir auf einem deutschen "Keyboard" das Ü haben, aber dass die Aussprache wirklich eine Mischung aus A und O ist, das kann man sicher nicht so deutlich nachvollziehen.

Ein offenes O, nicht mit ganz gespitztem Mund, wie in den französischen Lehnwörtern "Fondue" oder "Fond" kommt dem å ziemlich nahe. Die auf Bequemlichkeit ausgerichtete Umgangssprache tendiert mehr und mehr zum normalen o (oh), was Schwedischschülern sehr entgegenkommt. Man spricht also auch von Ohüs (*Åhus*), mohl (*mål* = Ziel oder Tor) und tog (*tåg* = Zug). Wer diese Sonderzeichen verwenden will, der findet sie unter "Insert" und "Symbol" im Wordprogramm..

Das schwedische Alphabet entspricht ansonsten nahezu vollständig dem deutschen. Der Buchstabe y (schwedisch ungefähr ü) ist ein Vokal, der etwa unserem Umlaut-U entspricht. Andere fremde Zeichen bietet das Schwedisch nicht, wodurch man es relativ leicht von den anderen nordischen Sprachen unterscheiden kann.

Norwegisch und Dänisch kennen noch das berühmte ø. Im Dänischen kommt eine Mischung aus a und e hinzu, das æ. Das w ist in den nordischen Sprachen eigentlich ausgestorben und taucht nur noch in alten Eigennamen auf.

Die Laute å, ä, ö bilden in dieser Reihenfolge den Abschluss im Alphabet, nicht also das Z. Das Wort *öst* (Osten) finden wir also nicht unter o oder oe, sondern ganz am Ende des Alphabets. Während wir im Deutschen von A bis Z sprechen, so sprechen die Schweden von A bis Ö.

Also nicht wundern, wenn das Schwedische Fremdenverkehrsamt in seinen Broschüren stets von "Schweden von A bis Ö" spricht. Man will Ihnen gewiss nichts vorenthalten.

Die Aussprache einiger Buchstaben ist im schwedischen Alphabet anders als in der deutschen Sprache.

Ergänzend zu den Ausspracheebesonderheiten im folgenden Kapitel sind die abweichenden Buchstaben in der Übersicht markiert.

A, B, C (wie sze / ße), D, E, F, G, H (wie ho), I, J (wie ji), K (wie ko), L, M, N, O (wie u), P, Q (wie kü), R, S, T, U (wie ü), V (wie w), W (wie "Dubbel-Weh", also doppeltes v), X (wie ex), Y (wie ein helles ü), Z (wie ceta), Å, Ä, Ö.

Das Q kommt ausschließlich in Eigennamen und Fremdwörtern, aber in der Praxis so gut wie gar nicht vor. Das J und das H in Kombination mit einem Vokal in einem Wort werden so wie im Deutschen gesprochen (Hand, Jod), wenngleich der eigentliche Buchstabe nicht als ha sondern als ho (bzw. ji statt jott) gesprochen wird. Aber die schwedische Sprache hält noch einige andere Aussprachebesonderheiten parat.

Aussprache - Ausspracheregeln

Als wir im Herbst 1992 einen Schüleraustausch zwischen den neunten Klassen des Gymnasiums Rahlstedt in Hamburg und der Buskowiusschule in Särna (später kam auch die Strandschule Idre hinzu) organisierten, kamen die gespannten Millionenstädter per Bahn in Mora in der Provinz Dalarna an.

Erwartungsvoll standen sich Gasteltern und Austauschschüler gegenüber, begrüßten sich und fuhren mal eben nach Hause.

Nach 20 km Fahrt stutzten die Gastschüler, nach 50 km fragte sicher der letzte Hamburger, wie weit es noch sei. Nun, dass 120 Kilometer keine Entfernung im mittleren Schweden sind, war nicht die einzige Überraschung für die Kinder einer Großstadt. Scheinbar vertraut war die Schule, denn irgendwie scheinen sich alle Schulen zu ähneln.

Computer hatten damals schon Einzug in schwedische Schulen gehalten, und die *Bezeichnungen rektor, gymnasium, lektion* und *station* schienen vertraut. Doch als die schwedischen Schüler diese Worte aussprachen, hörten sich die gleichen Wörter für das deutsche Ohr so an: "Rektur, Jymnaszium, Lekschuhn und Staschun". Scheinbar völlig andere Wörter!

Ebenso hieß der Ort Särna auf Schwedisch "ßerna" (kein stimmloses s, sondern wie in Sex, wenngleich beide nicht viel miteinander zu tun haben). Die Provinz Dalarna sprechen wir Deutsche mit der Betonung auf der zweiten Silbe und langem A aus, aber der Schwede sagt deutlich DA und lässt -larna freundlich versinken, denn im Schwedischen wird stets die erste Silbe betont. Also klares Stock und abnehmendes -holm.

Einige Wörter erhalten eine andere Bedeutung, wenn die Silben (von der Regel abweichend) unterschiedlich betont werden.

Das Wort *banan* kann sich jeder scheinbar sofort richtig übersetzen. Natürlich heißt es Banane, aber nur, wenn man das ba- sehr kurz und das -nan lang (etwa banahn) spricht. Spricht man hingegen beide Silben lang (also etwa bahnahn), dann bedeutet das Wort Bahn oder auch Platz (*tennisbana, golfbana*, Tennisplatz, Golfplatz). Wenn man diese Aussprache-Lektion (Lekschuhn) gelernt hat, kommt man der Sache bedeutend näher.

Wirft man einen Blick in ein schwedisch-deutsches Wörterbuch, so meint man eigentlich auf jeder x-beliebigen Seite, die Nähe der Sprachen entdecken zu können. Und das stimmt ja auch!

Viele Wörter erinnern an den Begriff der eigenen Muttersprache oder sie zeigen Ähnlichkeit. Wer von der deutschen Waterkant stammt, dem wird dies noch eher auffallen. Doch wenn der Schwede spricht, so erkennt man die

Begriffe leider nicht automatisch wieder. So erging es auch den Austauschschülern, von denen mittlerweile einige tatsächlich Schwedisch gelernt haben, und der Austausch zwischen der Millionenstadt Hamburg und den Gebirgsorten Särna und Idre ist eine beidseitig beliebte Tradition (Tradischuhn - sagt der Schwede) geworden, obwohl sich die Schüler am liebsten im "neutralen" Englisch unterhalten, wie das im Vorwort erwähnt ist. Ein praktisches Beispiel stiller Völkerverständigung.

Vom Austausch wieder zur Aussprache. Einige der im Dänischen, Schwedischen und Norwegischen gleicher oder fast gleicher Wörter werden teilweise unterschiedlich ausgesprochen. Kennt man die Ausspracheregeln, so hat man allerdings den Schlüssel zum Erkennen der Begriffe.

Ein gängiges Beispiel ist das internationale Wort Kilometer. Während wir einen Dänen sofort verstehen, da er das Wort im Prinzip so ausspricht, dass es deutschen Ohren vertraut klingt, so ist es nicht sicher, dass man einen Schweden sofort versteht. Er betont meistens die erste Silbe eines Wortes und spricht Kilometer (im Gegensatz zum dänischen Nachbarn) nicht mit "k" sondern wie Schilometer - mit einem kräftigen Schi und sehr kurzem i. Diesen Laut liebt der Schwede. Er hat enorme Schwierigkeiten das deutsche ch wie in Ich zu sprechen. Kennzeichnend für den schwedischen Akzent im Deutschen ist deshalb das typische Isch und misch statt ich und mich. 95 % aller Schüler haben Probleme das Wort Ich korrekt zu sprechen.

Fragt Sie ein Schwede nach der Stadt Schil, dann meint er Kiel, so wie der Ort Kil im schwedischen Värmland (sprich Schil). Nach Aachen oder Lichtenfels werden wenige Schweden fragen, das ist zu schwer auszusprechen. Doch es gibt auch Buchstabenkombinationen, bei denen das k wie unser k gesprochen wird. Das Verb *komma* (kommen) wird so gesprochen, wie man es schreibt, und das Adjektiv *billig* hat weder in Schrift noch Aussprache einen Unterschied zum Deutschen. Vor bestimmten Vokalen (Selbstlauten) wird das k wie sch vor anderen wie k gesprochen. Ebenso funktioniert die Aussprache anderer Kombinationen von Vokalen und Konsonanten (Mitlauten).

Das sk wird je nach Folgevokal in der Aussprache variiert. So wird das Wort *skall* (sollen, werden, vgl. engl. *shall*) so ausgesprochen, wie es geschrieben wird (zumindest aus deutscher Sprachsicht). Das Wort *skälm* hingegen wird wie Schelm gesprochen, was es übrigens auch bedeutet. Das Wort *sko* hingegen wird nicht "Schuh" ausgesprochen, sondern sku:, wobei auffällt, dass das o zum u wird. Von wenigen Ausnahmen abgesehen ist dies auch der Fall.

Die norwegische Hauptstadt heißt in Schweden also in der Aussprache nicht Oslo sondern Uslu, doch Stockholm wird mit klarem o gesprochen. Das s wird stets scharf wie im Wort Sex ausgesprochen, auch am Anfang eines Wortes.

Im Schwedischen hat das Wort *sex* obendrein eine zweifache Bedeutung. Neben der deutschen Bedeutung ist *sex* auch das Zahlwort sechs. Während der Schwede mit *sex nätter* nur "sechs Nächte" meint, erhält das Wort *sexnätter* eine gänzlich andere Bedeutung. Aussprachetechnisch unterscheiden die beiden Wörter nur eine winzige Nuance. Sagt ein Schwede also statt sechs mal Sex auf Deutsch, so überbewerten Sie das keinesfalls.

Das g am Anfang eines Wortes wird wie das k unterschiedlich ausgesprochen. Der Schwede spricht nicht etwa von Göteborg. Er fährt von Jöteborj nach Stockholm (deutlich als st und nicht als scht zu hören) in die *Gamla Stan*, wobei *gamla* gesprochen wie geschrieben wird. Das Wort Gamla Stan (Kurzform von Gamla Staden) bezeichnet die weltberühmte Altstadt Stockholms (gammal = alt) und ist ein Eigenname.

Man muss sich also die Ausspracheregeln der schwedischen Sprache anschauen und dann erneut einen Blick in ein Wörterbuch werfen. Plötzlich begreift man ein Vielfaches und erkennt noch mehr lautliche wie morphologische (Wortaufbau) Ähnlichkeiten zwischen der nordischen, schwedischen Sprache und dem verwandten Deutschen. Es folgt eine Übersicht der Ausspracheregeln:

Å, å Dieser einzige vom deutschen Sprache abweichende Buchstabe wird überwiegend wie in Sohn und regional auch in etwa wie das o im französischen Wort Fondue gesprochen.

C, c Vor den Vokalen e, i und y (y entspricht etwa einem ü) wird das c scharf wie ein ß gesprochen (Beispiel City). Ansonsten wird das c wie k gesprochen (Beispiel: campa, sprich kampa = zelten).

Ch Diese Symbiose wird wie sch ausgesprochen und die Beispiele sind reichlich (chef, chassi, charmant, chock).

Dj, hj, gj und lj sind keine Zungenbrecher, denn sie werden wie unser j gesprochen. Beispiele sind: *djur* -sprich jür / Tier, *ljus* - jüs / Licht, *hjälp* - jälp / Hilfe.

G, g Die Aussprache hängt, wie oben erwähnt, vom Folgevokal ab. Vor ä, e, i, ö und y (im schwedischen ein Vokal) und nach den Konsonanten r und l wird das g zum j. Beispiel: *gälla* - sprich jälla / gelten, der Name Göran - sprich Jöran, *borg* - sprich borj / Burg, *älg* - sprich elj / Elch.

K, k Vor den Vokalen ä, e, i, ö und y (ü) wird das k wie sch oder eine Mischung aus sch und tch gesprochen. Beispiel: *källare* - schällare / Keller, *kypare* - tschüpare / Kellner, *kika* - schika / gucken (verwandt mit plattdeutsch kieken), *kemi* - schemie / Chemie. Es gibt einige Ausnahmen: *kille* - sprich ebenso - bedeutet Junge.

O, o Das o wird meist wie u gesprochen. Kurz wird *kort* und wie der Name Kurt ausgesprochen. Ausnahme ist beispielsweise das Wort *borg*, das zwar im Deutschen Burg wird, im Schwedischen jedoch borj ausgesprochen wird.

S, s wird stets wie Sex, also mit scharfem s gesprochen. Sand (*sand*) wird also "ßand" gesprochen.

Sj und skj: Diese Kombinationen werden etwa wie sch gesprochen. Beispiel: *sjuk* - sprich schük = krank, *skjorta* - schurta = Hemd.

Sk Vor ä, e, i, ö und y (entsprechend ü) wie sch, sonst ßk. Beispiele: *skäl* - schäl = Grund, Anlass, *skola* - ßkula = Schule.

U, u Ausgesprochen wird es wie ein leicht gedämpftes ü. Etwa *brun* - sprich brün = braun.

V, v Das v wird wie w (weh) gesprochen und hat nahezu überall das w ersetzt. Beispiel: *väsen* - sprich wäßen = Wesen.

Schwedisch ist aus unserer Sicht die klarste der nordischen Sprachen, durch die deutsche Brille jedenfalls, und sobald wir es mit den "Schwestersprachen" vergleichen.

Für den Schweden ist dieses aufgeführte Ausspracheregelsystem logisch, während wir es teilweise als "komisch" oder "sonderbar" empfinden. Aber sprechen wir logisch?

Sprechen wir logisch?

Greifen wir auf einige bereits behandelte Wörter zurück. Wenn wir Rektor, Station, Lektion oder Gymnasium sagen, so klingt das in den Ohren der Schweden unlogisch, denn ein t vor einem Vokal wird nun mal zu sch - im Schwedischen! Wir sagen aber auch Europa, neutral und Lachs, wir sagen Stopp und Stadt und Vogel.

Das alles klingt sehr merkwürdig für unsere schwedischen Nachbarn. Sie verstehen nur "Oiråpa, noitral, lax, schtåpp, schtatt und fågel" - aus ihrer Sicht. Neutral, ein beliebtes schwedisches Wort, wird n-e-ü-tral gesprochen, eigentlich jeder Vokal für sich. Ebenso im Wort Neutrum.

Ein Schwede würde also das deutsche Wort neu als ne-ü aussprechen wollen, bis er lernt, dass wir manche Vokale verschmelzen lassen, hier zu noi. Warum wir aber chs als x aussprechen, das bleibt unser Rätsel. Auf Schwedisch heißt der sehr beliebte Speisefisch einfach *lax*, während das deutsche Wort lax bekannterweise nachlässig bedeutet. Ebenso unlogisch erscheinen Fuchs, Luchs und Dachs.

Ein Hamburger, der ja angeblich über den "spitzen Stein stolpert" kommt dem Schweden ganz recht, denn er spricht diese Laute nicht mit einem sch aus, sondern wie szten oder ßten in *sten*, was zu Deutsch Stein bedeutet.

Ein weiteres Unikat meint der Schwede im Buchstaben v zu finden. Während viele nicht VW, sondern einfach WW (wehweh) sagen, wundert sich ein Deutscher über diese Automarke. Das v ist ein w im Schwedischen. Nur im Deutschen und verwandten Holländischen wird das v in der Regel wie f gesprochen. Ein krasses Beispiel nehmen wir mal aus dem Holländischen. *Vis* bedeutet (v wie f gesprochen) Fisch. Das Wort *vis* bedeutet im Schwedischen weise, aber würde der Schwede es nun holländisch aussprechen, also fis, so müsste er wohl lachen, denn *fis* entspricht dem schwedischen Wort für Furz.

Einen Grund, wozu man sich den Luxus zweier F-Laute leistet, kann man Schülern mitunter nur schwierig glaubhaft vermitteln. Wir sagen Vater und Forelle. Wie unlogisch, sagt sich da (nicht nur) der schwedische Schüler. Man beachte aber, dass das deutsche Wort vage (im Sinne von unsicher) deutlich wie wage und die Vase wie Wase ausgesprochen wird. Richtiges Deutsch ist also schon bei der Aussprache gar nicht so einfach.

In der schwedischen Sprachgewohnheit scheinen viele Laute "falsch" ausgesprochen. Ebenso wie uns zunächst die Wörter wie Rektor oder Gymnasium "falsch" erschienen. Sprachlogik ist relativ und ändert sich mit dem Standpunkt des Betrachters. Schwedisch ist also nicht mehr oder weniger logisch oder unlogisch als unsere deutsche Muttersprache.

Groß oder klein?

Wir sind uns oft nicht bewusst, dass wir die einzige Sprache besitzen, die sich den Luxus einer Großschreibung erlaubt. Das Schreiben von Hauptwörtern (Substantiven) ist eine Modeerscheinung nach dem Zeitalter der Aufklärung gewesen, die sich bis heute hartnäckig gehalten hat - im Deutschen.

Während andere Sprachen dieses Phänomen nie zu verdauen hatten, so übernahm man diese Mode zwar zeitweise auch in Dänemark, aber die Mode ging wie sie kam. Auch einige schwedische Texte, vor allem in der Lyrik, übernahmen zeitweise die Großschreibung.

Das Beibehalten dieser Mode im Deutschen, verteidigt von klugen und weniger klugen Köpfen mit Beispielen wie "Sind sie gut zu Vögeln?" (als ein sehr abgegriffenes Beispiel), nun, diese Mode spricht doch tief aus der deutschen Seele. Ich denke da unweigerlich an Heine, der sinngemäß meinte: Das Schöne an uns Deutschen sei, dass, wenn wir eine verrückte Idee hätten, wir uns sicher sein könnten, gewiss jemanden zu treffen, der noch verrückter sei.

So entsteht wohl ein ewiger Kampf um das Durchsetzen auch wahnwitziger Ideen - und das entschieden. In diesem Fall machen wir uns das Leben selber schwer, wenn dies keinem anderen gelingt...

Nicht nur dem Schweden scheinen die Hürden der Großschreibung ein unnötiges Problem zu sein. Die schwedische Sprache ist da klar wie alle anderen Sprachen. Groß schreibt man am Satzanfang und natürlich Eigennamen. Sonst kommt man mit kleinen Buchstaben gut zurecht. Also, von der Seite brauchen wir keinerlei Schwierigkeiten zu erwarten.

Wenn die Schweden die deutsche Rechtschreibreform gemacht hätten dann wären Worte wie *frisör* und *fysik* schon sehr lange im Gebrauch, selbstverständlich klein geschrieben. Eingedeutscht hiesse es teater, apoteke, fater, keiser, fogel und blumogramm (wenn man Blumen versendet). Die deutsche Rechtschreibung wäre einfacher und die Sprache wesentlich geblümter zugleich. Nun, diese Behauptung ist gewagt, aber einen ausführlichen Gedanken wert.

Wer macht eigentlich Reformen für wen?

Lautvergleich - Auswahl

Kennt man das System, nach dem sich ein Wortstamm historisch gewandelt hat, so kann man um so leichter die Bedeutung des schwedischen Wortes erraten. Nun soll hier kein kompletter Lautvergleich die Seiten besetzen, aber einige Beispiele verdeutlichen die Nähe unserer Sprachen. Verändert man die Laute, so kann man sich das entsprechende Wort ableiten:

skepp - Schiff, sko (Aussprache "sku") - Schuh, skola - Schule, skarp - scharf, is - Eis, skina - scheinen, skrika - schreien, rik - reich, vis - weise, vagn - Wagen, vatten - Wasser, vecka - Woche, fönster - Fenster, varm - warm, väg - Weg, väder - Wetter, väst - Westen, tunn - dünn, ting - Ding, tusen - tausend, tre - drei, din - dein, lever - Leber, huvud - Haupt/Kopf, hår - Haar, bok - Buch, forell - Forelle, blad - Blatt, rum - Raum.

Bei Berücksichtigung der Ausspracheregeln gibt es eine weitere Gruppe von Wörtern, die in der Aussprache, jedoch nicht in der Schreibweise gleich sind:

ko - Kuh, fågel - Vogel, stol - Stuhl, späck - Speck, kam - Kamm, buss - Bus.

Viele Wörter sind sogar völlig identisch, abgesehen davon, dass schwedische Substantive kleingeschrieben und manche Laute dennoch anders ausgesprochen werden. Hier weitere Beispiele:

finger - Finger, hand - Hand, hals - Hals, fabrik - Fabrik, bad - Bad.

Bei all diesen Beispielen beachte man die Ausspracheregeln, die oben zusammengefasst sind. Noch mehr Aufschluss an dieser Stelle gibt der Blick in ein Wörterbuch. Schnell fallen einem die Gemeinsamkeiten und Ähnlichkeiten unserer Sprachen auf.

Es braucht eigentlich nur wenig Phantasie um einzusehen, dass kleine sprachliche Erfolge beim Erlernen des Schwedischen rasch zu erzielen sind. Zwar kann man nicht gleich ganze Zeitungsartikel verstehen, aber einzelne Hinweise und Sätze sind schnell zu begreifen.

Fremdwörter im Schwedischen

Auch die Schweden sind schnell bereit ausländische Begriffe in ihre Sprache zu übernehmen. Wir haben davon berichtet, wie sehr Schwedisch auf Deutsch aufbaut. Aber die neueren Einflüsse kommen aus einer anderen Richtung.

Nach dem Zweiten Weltkrieg, der bei einigen unserer nordischen und immerhin verwandten Nachbarn zu tief greifenden Identitätskrisen führte, siegte die Amerikanisierung. Das Deutsche war nicht mehr gesellschaftsfähig, Anglizismen machten sich breit.

Moderne deutsche Lehnwörter sind Mangelware im Schwedischen geworden, doch bezeichnenderweise kennt jeder Schwede das gebräuchliche Fremdwort "Besserwisser", das unübersetzt seinen Platz in der schwedischen Sprache hat und tiefgreifende Rückschlüsse auf ein unterstelltes Charakterbild der Deutschen bietet. Ein positiv besetztes Fremdwort ist Autobahn und neuerdings Wurst, wahrscheinlich weil schwedische Wurst (korv) nicht selten nur 25% Fleischanteil hat?!.

Prinzipiell hat die schwedische Sprache ausländische Wörter in der Schreibweise ungeniert und konsequent angepasst, was mitunter zu scheinbar sonderbaren Formen führt. Während man sich in der deutschen Sprache schwer tut, Fremdwörter in eine deutsche Schreibweise zu bringen, so passt das Schwedische fremde Wörter schnell an.

Einige Beispiele aus dem Französischen, das zu Zeiten der Aufklärung bestimmte Begriffe ins Schwedische schleuste. Der Sessel heißt *fåtölj*,

Bürgersteig *trottoar*, Restaurant *restaurang* und Frisör schreibt man länger schon als im Deutschen *frisör*. Die meisten Fremdwörter stammen heute jedoch aus dem Englischen. Viele Wörter haben ihre Schreibweise behalten (callcenter, lockout), was auf ihre Jugend hindeutet.

Doch neuerdings werden auch Fremdwörter schnell als Lehnwörter eingebürgert, also aus einer fremden Sprache ins eigene Sprachsystem übernommen. Man ist sehr bemüht diesen Prozess zu forcieren. Der Trainer wird konsequent zum *tränare* und eine Website wird im computerisierten Schweden zur *sajt*. Ebenso krass wirkt das "Verschwedeln" von der E-Mail, die entweder *e-post* oder *e-mejl* wird. Die Homepage wird natürlich zur *hemsida* (also Heimseite)

Um so überraschender ist es, dass sich das Wort Computer, im Gegensatz zu den anderen skandinavischen Nachbarn, nicht durchgesetzt hat. Der Computer ist ein *dator*, abgeleitet von *data* (Daten).

Unveränderte englische Schreibweisen werden in der Regel schwedisch ausgesprochen. Der *jet* ist also nicht der dschet, sondern wirklich der jet. Der Eigenname *Jack*, den es auch in Schweden gibt, wird nicht dschäck gesprochen, sondern wie jack - mit a. Besonders auffällig wird diese Gepflogenheit auch beim Wort *skyscraper*, Wolkenkratzer. Ein Schwede spricht das Wort ungefähr wie Schüskrapa aus - schwierig ist es dann noch ein englisches Wort dahinter zu vermuten.

Ein anderer Sprachstamm ist der lateinische. Wie in der deutschen Sprache bietet das Schwedische eine Reihe von Verben, die tagtäglich angewendet werden, ihre Wurzeln aber in der toten Sprache Latein haben. Als Faustregel lernen Schüler, dass die schwedischen Wörter auf die Endung -era dem deutschen -ieren entsprechen. So kann man sich folgende Wörter sofort ableiten: *decimera, defilera, hantera, fixera, reservera, revidera, minimera, agera, reagera, deklassera, frankera, telefonera* (heute veraltet), *filosofera, passera* und *dominera*.

Es gibt noch eine Vielzahl dieser Wörter, wobei einige Begriffe aus der Sexualität unter Schülern zu Getuschel und Gelächter führen, denn auch sie passen ins System. Nicht ins System passt *planera*. Denn es bedeutet planen und keinesfalls planieren. Immer wieder lesen wir in von Schweden übersetzten Texten, dass man beispielsweise gerne beim "Planieren des Urlaubs" helfe.

Der informierte Leser braucht nun also nicht mehr zerstörerische Kräfte hinter diesem Ausdruck vermuten. Auch Substantive und Adjektive, die aus dem Lateinischen stammen, bilden in der Regel keine Übersetzungsprobleme. Perplex, pervers und pessimist bedürfen keiner Erklärung.

Artikel - Utrum und Neutrum

Während die englische Sprache komfortabel mit einem Artikel (the) auskommt, benötigt das Schwedische zwei und das Deutsche ganze drei Artikel (der, die, das). Interessant dabei ist, dass die schwedische Sprache dabei ein Neutrum (det) und ein Utrum (den), also ein "gemeinsames" männliches und weibliches Geschlecht (Unisex) verwendet. Der bestimmte Artikel (der, die, das) wird, abweichend von den meisten europäischen Sprachfamilien, ganz einfach durch Ändern der Endung gebildet.

Der unbestimmte Artikel (ett, en) wird einfach ans Ende des Substantivs (Hauptwort) gehängt. *Ett hus* (ein Haus) wird zu *huset* (das Haus), wobei die Endung gleichzeitig auf ein t reduziert wird. "Hans målar huset" bedeutet also "Hans malt das Haus (an)". Zur Verstärkung gibt es einen doppelten Artikel. "Det gröna huset brinner" bedeutet "Das grüne Haus brennt".

Nehmen wir nun ein Beispiel, bei dem das grammatische Geschlecht des schwedischen Substantivs ein Utrum ist. "En man reser till Stockholm" bedeutet "Ein Mann reist nach Stockholm". "Den rika mannen reser till Stockholm" übersetzt man mit "Der reiche Mann reist nach Stockholm". Was auch immer er dort will, bestimmte Konsonanten (Mitlaute) verlangen beim Anhängen des Artikels eine Verdoppelung, also wird aus *man* die Form *mannen.*

Das schwedische Wort *man* kann im Deutschen sowohl man als auch Mann bedeuten. Hier noch einige Beispiele zur Verdeutlichung:

ett löfte - ein Versprechen, löftet - das Versprechen

en opera - eine Oper, operan - die Oper (nach einem Vokal am Ende des Substantivs verschwindet das e in en)

ett lånord - ein Lehnwort, lånordet - das Lehnwort

ett slut - ein Ende, slutet - das Ende

en check - ein Scheck, checken - der Scheck

en bil - ein Auto, bilen - das Auto

Nun scheinen diese Regeln der Substantivbildung zunächst fremd, doch beschäftigt man sich eine Weile mit der schwedischen Sprache, so kommt man schnell dahinter, dass die Strukturen dem Deutschen ähnlich, aber sehr viel einfacher sind.

Das Verb

Ebenso deutlich wird diese Tatsache beim Verb, das nahezu ebenso einfach zu handhaben ist wie im Englischen. Die Grundform endet in der Regel auf -a. Das Verb komm**a** entspricht also der deutschen Grundform (Infinitiv) komm**en**. Während wir die Endung des Verbs in Laut und Schrift beugen (Ich komme, du kommst, er kommt usw.), begnügt sich die schwedische Sprache mit einer Form, die sich lautlich nicht einmal vom Infinitiv unterscheidet. Das Verb erhält als Endung ein -er oder ein -ar. Das wiederum hängt davon ab, ob es sich um ein starkes oder schwaches Verb handelt.

Ein starkes Verb kennen wir auch als unregelmäßiges Tätigkeitswort. Es ändert in verschiedenen Zeitformen den Laut, was ein Beispiel verdeutlicht: Ich gehe, ich ging, ich komme, ich kam. Schwache oder regelmäßige Verben hingegen bedienen sich eines festgelegten Systems und behalten den Laut bei: ich sage, ich sagte, ich danke, ich dankte. Das Schwedische bedient sich des gleichen Regelsystems, wobei das Konjugationsmuster (Beugung) erheblich einfacher als im Deutschen ist.

Als Beispiel wähle ich ein starkes Verb (laufen - springa). Das schwedische Wort *springa* erinnert zwar an springen, bedeutet jedoch heute laufen, während das deutsche Wort springen mit *hoppa* (hüpfen) übersetzt wird (siehe auch Kapitel "Falsche Freunde").

Ich laufe - jag springer
Du läufst - du springer
Er/sie läuft - han/hon springer
Wir laufen - vi springer
Ihr lauft - ni springer
Sie laufen - de springer

Die Endung -er im Schwedischen deutet darauf hin, dass das Verb unregelmäßig ist. Die Konjugation ist einfach, da die Endung gleich bleibt, doch in der Vergangenheit ändert das Wort (wie auch das deutsche Verb) seinen Stammlaut und ist deshalb "unregelmäßig" oder "stark".

Ich laufe, ich lief, ich bin gelaufen wird im Schwedischen: Jag springer, jag sprang, jag har sprungit.

Ein "regelmäßiges" oder "schwaches" Verb endet im Schwedischen auf -ar. Auch hier ein Beispiel:

suchen - leta
Ich suche - jag letar
Du suchst - du letar
Er/sie sucht - han/hon letar
Wir suchen - vi letar
Ihr sucht - ni letar
Sie suchen - de letar

Wiederum ist die Endung einfach. Angestrengtes Nachdenken ist (für den, der Schwedisch lernt) nicht erforderlich. Auch die Vergangenheitsbildung geschieht nach einem einfachen Muster.

Ich suche, ich suchte, ich habe gesucht wird zu jag letar, jag leta**de**, jag har letat.

Auch die Hilfsverben "sein" und "haben" passen in ein einfaches System. Der Schwede beugt nicht nach deutschem Vorbild "ich bin, du bist" etc., er sagt in allen Formen *är* - also *jag är, du är* etc.

Man erkennt, dass *är* verwandt mit dem englischen **are** ist, während das deutsche *ist* dem englischen **is** nahe steht. Eine besondere Hürde ist das Verb also keinesfalls in der schwedischen Sprache. Man kann vielmehr Mitleid mit all denen haben, die Deutsch lernen müssen und es nicht als Muttersprache gelernt haben.

Eine Besonderheit sind die sog. Partikelverben, Verben, die aus zwei Teilen bestehen, z.B. *känna igen*, wiedererkennen. Das Verb wird nicht, wie im Deutschen, "zerpflückt". "Ich erkannte sie wieder" wird zu "Jag kände igen henne".

Ganz ohne Ausnahmen kommt das Schwedisch auch nicht aus. "Jag slog mig ner på en ledig plats vid fönstret" handelt bei korrekter Wortfolge nicht vom Niederschlagen (*slå*-schlagen, *slog*-schlug), es bedeutet: "Ich setzte mich auf einen freien Platz am Fenster." In diesem Beispiel steht zwischen den Teilen des Partikelverbs das reflexive *mig*, eine Ausnahme.

Reflexiv: Mir oder mich

"Mir und mich verwechsle ich nicht, das kommt bei mich nicht vor". Dieser alte Gag bezeichnet ein alltägliches Phänomen. Zwar wähnen sich Berliner völlig bar dieses Problems, aber ein großer Teil der Bevölkerung legt Wert darauf, mich und mir korrekt anzuwenden. Die Berliner haben da etwas mit den Schweden gemein, man wendet den Akkusativ gar nicht mehr an. "Ick helfe Dir" ("Jag hjälper dig") bleibt ebenso wie "Ick liebe Dir" ("Jag älskar dig") beim Dativ. Mir/Mich wird einfach *mig* (sprich mej) und Dir/Dich wird *dig*.

In neueren schwedischen Texten wurde unter dem Motto "Erlaubt ist was gefällt" *dig, sig* und *mig* entsprechend *dej, sej* und *mej* geschrieben. Verständlicherweise haben Schweden Schwierigkeiten damit, die Verwendung von "mich" und "mir" im Deutschen korrekt anzuwenden.

Syntax - Satzbildung

"Was glaubst du Mama sagt dazu?" So formulierte unser Sohn Felix bestimmte deutsche Sätze mit schwedischem Satzbau. (Richtig: Was glaubst du, sagt Mama dazu? oder Was glaubst Du, was Mama dazu sagt?). Zwar spricht er akzentfrei deutsch, aber in puncto Syntax würfelt er schon mal einige Wörter durcheinander.

Das ist natürlich, denn die Regel SPO (Subjekt, Prädikat, Objekt) ist in der deutschen Sprache nicht so klar. Es heißt ja stets: Das Verb regiert den Satz, und das ist ja auch recht logisch. Das Auto (Subjekt / Satzgegenstand) fährt (Prädikat / Verb) in den Graben (adverbiale Bestimmungen des Ortes). Nun kann man den Satz nahezu beliebig mit Satzteilen verlängern. Zum Beispiel: Das Auto fährt mit hoher Geschwindigkeit in den Graben. Das hätte zwar eine Bedeutung für den Fahrer, nicht aber für das Verb (Prädikat), denn es hält konsequent (ob angeschnallt oder nicht) seine zweite Satzposition. Das ist die Grundregel, wobei man die anderen Satzteile im Prinzip frei anordnen kann. Beispiel: Mit hoher Geschwindigkeit fährt (2. Position!) das Auto in den Graben.

Da wir im Deutschen die Satzteile oft und gerne durcheinander würfeln, erscheint dies (nicht nur Schweden) sehr kompliziert. In Fragesätzen stellen wir das Verb ebenfalls an die zweite Position (Was glaubst Du?), aber in Nebensätzen landet das Verb (also der Satzteil Prädikat) am Ende. "Er dankte höflich für die Mahlzeit, bevor er das Haus auf dem Weg nach Amerika verließ". Im Schwedischen bleibt das Verb auch im Nebensatz beim Substantiv: "Han tackade hövligt för måltiden, innan han lämnade huset på vägen till Amerika" (lämna = verlassen).

Beim Erlernen des Schwedischen haben Deutsche oft Probleme damit, sich an der in der Schule erlernten englischen Satzstellung zu orientieren, statt bei der eigentlich verinnerlichten deutschen zu bleiben. Übersetzt man einfach vom Deutschen in Schwedische, so wird man (bei richtiger Wortwahl) dennoch verstanden. Nun behandelt dieses Buch nicht die sprachlichen Details zum Erlernen der schwedischen Sprache, aber eine kurze Übersicht bieten sogar die meisten kleinen Sprachführer oder Wörterbücher.

Wenn Sie eine gute schwedische Grammatik suchen, dann empfehlen wir das mit Abstand verständlichste Werk: Schwedische Grammatik (svensk grammatik på tyska) Åke Viberg u.a., 1987, erneuert 1998, Bokförlaget Natur och Kultur, Stockholm, ISBN 912750249-x

Zahlen

Die geschriebenen Zahlen erinnern einmal mehr an die Sprachverwandtschaft: *noll, en, två, tre, fyra, fem, sex, sju* (sprich schü), *åtta, nio, tio, elva, tolv, tretton, fjorton, femton, sexton* usw.

Ab zwanzig halten sich die Schweden dann an das englische System, das von der Logik her auch verständlicher ist. Die Zahl 54 (vierundfünfzig) zum Beispiel wird im Schwedischen wie ja auch im Englischen zu fünfzigvier (*femtiofyra* bzw. fiftyfour). *Hundra* kann seine Verwandtschaft zum Deutschen und Englischen wahrlich nicht verbergen (hundert, hundred).

Interessant ist, dass es Norweger und Dänen mit der Stellung von Einern und Zehnern wie die Deutschen halten, während die Schweden es den Engländern gleich tun. Französisch ist eine dänische Ausnahme des Zählens, denn Achtzig bedeutet im Dänischen *firsindstyve*, also *quatrevingt*, was ja "vier mal zwanzig" bedeutet.

Mit derartigen Exportartikeln haben sich die restlichen Skandinavier nicht abzumühen, bisher. Denn nun befürchtet man ernsthafte Verwechslungen beim Umgang unter dänischen und schwedischen Eisenbahnern, die ihre "Gumminasen", so die dänische Zuggattung IC 3 im Volksmund, über die im Jahr 2000 fertig gestellte Öresundquerung von Kopenhagen nach Malmö fahren. Die Dienstanweisung sagt, natürlich solle jeder seine Landessprache sprechen, aber klar und deutlich (vgl. Welche Sprache soll ich sprechen?).

Verwechslungsgefahren gibt es nicht nur im Zahlenbereich. Doch wie im Flugverkehr aufs Englische zu setzen, soweit wollte man dann doch nicht gehen. Hoffentlich verstehen schwedische Lokführer die dänische Anweisung vor dem Tunnel etwa nur 80 km/h zu fahren!

Aus deutscher Sicht scheint das schwedische Zahlensystem in jedem Fall, trotz "Verdrehung" von Zehnern und Einern nachvollziehbar und logisch.

Eine Ausnahme ist die Bezeichnung der Jahrhunderte und Jahrzehnte. Immer wieder stutzen Schweden, wenn wir vom Zwanzigsten Jahrhundert sprechen. Wir sagen zwar beispielsweise neunzehnhundertdreiundsechzig (1963), aber wir reden vom 20. Jahrhundert, während der Schweden von *1900-talet*, also eigentlich von den Neunzehnhunderterzahlen spricht. 1963 (*nittonhundrasextiotre*) ist eine Jahreszahl aus den Neunzehnhunderterzahlen, also stutzt der Schwede, wenn wir vom Zwanzigsten Jahrhundert sprechen. Nun gleichen sich hier wiederum das Deutsche und das Englische, denn das 20. Jahrhundert ist das *Twentieth Century*.

Warum also sind die Schweden da anderer Meinung? Nun, man kennt ursprünglich auch in Schweden die Bezeichnung *århundrade*, also Jahrhundert. Man kennt auch den Begriff *sekel*, von französisch *ciècle*, also Jahrhundert. So bedeutet *sekelskifte* Jahrhundertwende. Doch in der Umgangssprache hat man es sich leicht gemacht, und man benutzt knapp und durchaus logisch die Anfangszahlen, also in unserem Beispiel "Nittonhundratalet", die Neunzehnhunderterzahlen.

Allerdings wird man nun noch konsequenter. Die Dreißiger Jahre werden die "Neunzehnhundertdreißigerjahre" (*nittonhundratrettiotalet* = Neunzehnhundertdreißigerzahlen). Da stimmen wir ja überein, im Deutschen und Schwedischen. Aber gerade deshalb hat der Schwede scheinbar zu Recht Probleme mit der deutschen Zahlenlogik.

Wir sagen die Dreißiger Jahre (wie die Schweden), aber wir sagen das 20. Jahrhundert und nicht die Neunzehnhunderterjahre. Auf Basis klarer Zahlenlogik wird bei diesem Vergleich das Schwedische gegenüber unserer Muttersprache Sieger nach Punkten.

Schwedische Wochentage

Eng an die nordische Mythologie lehnen sich die Wochentage der schwedischen Sprache an. Sie lauten:

Måndag	månens dag - Tag des Mondes, Montag
Tisdag	Tyrs dag, Tag des Tyrs (Sohn Odins), Dienstag
Onsdag	Odens dag - Gott Odins Tag, Mittwoch
Torsdag	Tors dag - Tag des Gottes Thor, Donnerstag
Fredag	Frejas dag - Tag der Göttin Freja (also nicht von fri = frei), Freitag
Lördag	lögaredagen, löga = veraltetes Schwedisch = sich waschen = Waschtag, Samstag / Sonnabend
Söndag	solens dag - Tag der Sonne, Sonntag

Der schwedische Tiger

Ein ganzer Satz, der zwei völlig unterschiedliche Bedeutungen haben kann, wird ironisch auf das Schweigen der Schweden übertragen. Im Zweiten Weltkrieg galt überall: "En svensk tiger" - Ein Schwede schweigt: Analog zu "Feind hört mit".

Wichtige Informationen sollten im Krieg nicht mitgeteilt werden, wenngleich Schweden neutral war. Gleichzeitig bedeutet der exakt gleiche Satz "Ein schwedischer Tiger".

Deshalb nutzen manche dieses Wortspiel selbstironisch. Ein Tiger schweigt gewiss nicht, er kämpft. Er kämpft nicht lagom, sondern mit allen Zähnen und Krallen.

Aber der schwedische Tiger nicht. Er ist ein schweigsamer Tiger.

Lagom - ein schwedisches Phänomen

In Schweden soll man *lagom* sein. Man liebt es schließlich neutral zu sein. Eigentlich ist *lagom* ein Wort, das sich nicht übersetzen lässt, denn soviel Neutralität lässt unsere Sprache nicht zu. Beim Grillabend biete ich einem Freund ein schönes Pfeffersteak an, gut gewürzt, und er nimmt dankend an. Ich nehme auch ein Pfeffersteak und muss sofort einen großen Schluck Bier hinterher schütten. "Den var för starkt kryddad" (Das war zu stark gewürzt). "Nej", sagt mein Freund, ohne sein Gesicht zu verziehen, "det var lagom". Es liegt den Schweden gewiss nicht, Dinge zum Problem zu erheben.

Lagom heißt eigentlich "gerade richtig", "gerade gut". Obwohl aber die Zunge meines Freundes ebenso brannte, war sein Steak "lagom". Er trank sein Glas Bier in Ruhe dazu.

Vieles ist in Schweden "lagom". Steht eine Schlange an der Kasse, hat es keinen Zweck sich aufzuregen. Die Schweden meinen dennoch, man könne es aushalten, es sei eben *lagom*. *Lagom* muss auch Kritik sein. Man darf kritisieren, aber nicht zu kritisch sein. Dass Bauern der Obrigkeit Mist vor dem Amt abladen, habe ich noch nicht erlebt.

Man muß die Balance halten. *Lagom* ist eine Philosophie, die Lebensart der Mitte. Zu viele Worte allerdings darf man auch nicht über das typischste Wort der schwedischen Sprache verlieren, sondern eben nur *lagom* viele.

Völlig verrückt - die erste Reise

Kommt man mit dem Auto nach Schweden, so teilen sich Deutsche und Schweden dieses Wort, der Deutsche behält das Auto, der Schwede das *bil*, das *mo* bleibt auf der Strecke.

An der Landstraße liest man bereits nach wenigen Kilometern immer wieder das Schild *rum*. Hier versorgen sich die Bewohner des Landes nicht mit hochprozentigen und inspirierenden Getränken. Weil das aber immer wieder geglaubt wird, haben viele Schweden unter das Wort *rum* vorsorglich noch das englische und deutsche Wort gehängt: Room, Zimmer.

Dann halten deutsche Gäste, die von der nordischen Freizügigkeit gehört haben, an der *knallebutik* an, weil man hier schauen will, wie gut sortiert ein Erotikshop in Schweden ist. Neben Stoffen findet man vor allem Kleidung, ganz anständige obendrein. Ein *knalle* zog früher durch das Land und bot auf Märkten seine Waren feil. Der veraltete Begriff bezeichnet einen fahrenden Händler.

Am Wegesrand steht der Hinweis *bär,* da muss man wohl aufpassen. Ja, denn es gibt sie reichlich, die Blaubeeren, die Johannisbeeren und die Himbeeren. Den Braunbären hingegen findet man nur in sehr verlassenen Gegenden unter dem Namen *björn.*

Schweden machen entsprechende Erfahrungen mit der deutschen Sprache. Natürlich ist Deutschland für sein Bier bekannt. Wie vielen Schweden ist es in einer Kneipe wohl so ergangen, dass sie nach dem ersten Bier bereits einen Rausch bemerkten? In Schweden bezeichnet man ein normales Pils nämlich als *starköl.* Also bestellt man in Deutschland ein Starkbier - und das hat bekanntlich eine ganz andere Wirkung als ein Pils. Dann sagt der Schwede *skål* und lässt sich das Bier schmecken. Ein Deutscher meint, das Bier sei ein Knüller, worauf der Schwede grinst. Denn *knulla* (sprich wie Knüller) heißt "bumsen".

Darüber lacht man

Man nimmt sich selbst auf den Arm. Es sei denn, man lacht über die Norweger (Es gibt so ziemlich alle Ostfriesenwitze als Norwegervariante). Der Humor ist beeinflusst vom britischen Humor. Nicht der dicke Mann, der auf einer Bananenschale ausrutscht, löst das Gelächter aus, man selbst steht im Vordergrund. Es ist keinesfalls unfein über sich und sein Land zu lachen. Über sich selber lachen, das befreit. Unterhaltungsprogramme überschreiten gerne Grenzen und kokettieren mit den eigenen Ungeschicklichkeiten und Unzulänglichkeiten. Das mögen auch wir am Humor in Schweden. Es wird nicht gelingen, einen typisch schwedischen Witz zu bringen, aber so wie man in Hamburg Klein-Erna kennt, so kennt man in Göteborg Kal und Ada.

Kal och Ada står på en spårvagn och äter korv med mos och senap. Konduktören tittar argt på dem och säger: "Det här är ingen restaurangvagn!" "Vi vet det, svarar Kal, det är därför vi har tagit med oss mat."

Kal und Ada stehen in der Straßenbahn und essen Wurst mit Kartoffelbrei und Senf. Der Schaffner schaut sie böse an und sagt: "Das ist hier kein Speisewagen!" "Das wissen wir", erwidert Kal, deshalb haben wir uns ja etwas zu essen mitgebracht."

Anrede: Du oder Sie?

Unter den germanischen Sprachen bietet Deutsch die kompliziertesten Anredeformen, die auch heute noch vielen Deutschen selber, aber vor allem Ausländern Kopfzerbrechen bereiten können. Während sich in allen germanischen Sprachen das DU und auch der Vorname in aller Regel durchgesetzt hat, steht im Deutschen die Anrede oft als unsichtbare Mauer vor jedem Gespräch. Die Sprache baut auf Distanz, wobei wir also eher von einer deutschen Besonderheit im Vergleich mit verwandten Sprachen reden sollten.

So sagte ein korrekter deutscher Geschäftsmann zu einer schwedischen Bekannten von mir, bei der er ein Ferienhaus gemietet hatte, dass er die schwedische Umgangsform sehr schätze und sogar beneide. In Deutschland, so der besagte Herr, sei es möglich vierzig Jahre neben dem Nachbarn Krüger zu wohnen, ohne dass sich an der Anrede Herr oder Frau Krüger etwas ändere. Das sei ja so in Schweden nicht möglich.

Recht hat der gute Mann, wenngleich meine Bekannte einräumte, dass die freundliche Anrede mit Du und Vornamen keine Garantie für Nähe und echte Freundlichkeit sei. Interessant war ja, dass der deutsche Geschäftsmann seine Beobachtung meiner schwedischen Bekannten und nicht mir als gebürtigem Landsmann mitteilte. Wir Deutsche trauen uns nicht wirklich den weniger formellen Umgang untereinander zu.

Insider deutscher, international operierender Firmen wissen wie es läuft. In englischsprachiger Runde sagt man "Bill, Harry, Jack, Lars" und auch "Karl, Hans, Peter und Horst", aber unter sich wird es dann doch wieder "Herr Schmidt" usw. Warum nicht mal eine DU-Reform in Deutschland vorschlagen? Da müssen (aus nordischer Sicht) zwanghafte Hemmungen offenbart werden.

Aus dem deutschen Fernsehen, wo es heutzutage scheinbar locker zugeht, kennen wir die permanente Entschuldigungshaltung dafür, dass man sich duzt. "Wir kennen uns schon seit 15 Jahren, deshalb sagen wir Du", ist ein variabler, aber immer wiederkehrender Satz in den zahllosen Talkshows auf der Mattscheibe. Selbst im Kinderfernsehen wurde ein Astronaut begrüßt mit den Worten: "Liebe Kinder, im Weltraum geht es kameradschaftlich zu, deshalb sagen wir Du zu unserem Gast."

Undenkbar wäre das in Schweden, ebenso wie in den anderen nordischen Ländern. Man sagt Du zueinander, ob man nun den Staatsminister oder den Nachbarn anspricht, der sprachliche Umgang ist nicht aufgesetzt und verkrampft. Das Sie gibt's nicht, denn die alte schwedische Höflichkeitsform *Ni* bedeutet Ihr, und das sagt man zur Königin und zum König. Offiziell ist die im Volk akzeptierte Anrede *Ers Majestät*, also Seine bzw. Ihre Majestät.

Im Umgang des Volkes untereinander ist die Anrede Ihr eine Ausnahme, die im ländlichen Bereich ohnehin verpönt ist. Als ich selber im Jahre 1994 den im Herbst 2006 abgelösten schwedischen Staatsminister Göran Persson, damals noch Schulminister, und den damaligen Wirtschaftsminister Sten

Heckscher auf einem Touristikseminar traf, empfand ich es noch als ungewöhnlich, aber sehr angenehm, dass Schweden es offensichtlich nicht mögen, durch Formen und Habitus gekünstelte Distanzen aufzubauen. Mir wurde klar, das zwangloser Umgang pragmatisch ist und schneller zum (Kommunikations) Ziel führt.

Diese Umgangsformen kommen aus dem Inneren und sind nicht aufgesetzt, was man, so glaube ich, dem "lockeren" Umgang etwa im deutschen Fernsehen, am Urlaubsort oder sonst wo unterwegs nicht nachsagen kann. Denn hat man sich zum Du entschieden, so kommt dennoch die deutsche Standardfrage: "Was machst Du beruflich?", um gleich wieder die gewünschte Distanz herzustellen. Achten Sie mal drauf. Auch die Herren Jauch und Schmidt machen da mit!

Das entspricht nicht der Mentalität in Schweden. Man ist ungezwungen oder nicht, man lacht oder nicht, man lästert oder nicht, aber man spricht nicht übers Lachen, Lästern oder den lockeren Umgang. Das ist ein gewichtiger Unterschied zur schwermütigen deutschen Seele. Der allzu häufige Satz "Spaß muss sein" wirkt wie eine Entschuldigung, mit der man vorsichtshalber ein Lachen zu verzeihen sucht. Das darf man von einem Skandinavier nicht verlangen, er belächelt die deutsche Steifheit, die mit der Anrede "Herr Schmidt" anfängt und dem Satz "Man muss ja mal lustig sein" endet.

Aber Vorsicht! Lästern würde ein Schwede wohl kaum über eine andere Art, denn zu sehr ist man sich seiner eigenen Schwächen bewusst. Unkompliziert ist auch der Umgang mit Behörden. Ein formelles Schreiben einer Behörde würde in Schweden niemals enden mit den Sätzen "Mit freundlichen Grüßen - Der Standesbeamte". Der volle Vor- und Zuname ist gängig, und wenn man einen Sachbearbeiter sucht, weiß man auch an wen man sich wenden muss.

Es kommt vor, dass die Anrede *Ni* im Behördenbrief steht, aber wenn man anruft, fragt man nicht nach Frau Svensson, sondern beispielsweise nach Lisbeth. Wir alle kennen das aus Deutschland, dass ein Sachbearbeiter z.B. mit "Müller" unterschreibt und man wählt in einem Schreiben die Anrede "Sehr geehrter Herr Müller". Daraufhin wird man angerufen und es heißt: "Aber ich bin doch gar kein Mann". Warum heißt die Unterschrift dann nicht Gerda

Müller? Der Vorname ist uns doch allen näher als der Nachname, oder nicht?

Schweden, die im Zug, in einer Hotelrezeption oder einem anderen Empfang arbeiten, tragen ein Namensschild mit dem Vornamen, was bei deutschen Gästen schon dazu geführt hat, die gute Seele der Rezeption etwa mit "Frau Camilla" oder "Herr Björn" anzureden. Vor 30 Jahren etwa war es in manchen Schichten durchaus verbreitet, sich mit *Ni*, also Ihr anzureden. Ein Vorgesetzter, der ab den 70er-Jahren ein *Ni* verlangte, wollte damit, so die gängige Ideologie, Abstand von seinen Mitmenschen nehmen und sich selber auf eine andere Stufe stellen. Diese Phase hat das schwedische Volk eisern durchschritten, und stellt man sich heute in Schweden mit Nachnamen vor, so signalisiert man den Wunsch nach Distanz.

Eine Einladung zum Grillabend am See kann man sich dann getrost aus dem Kopf schlagen. Eine ernsthafte Replik: Deutschen Unternehmern sind schon viele Geschäfte entgangen, weil man von der deutschen Förmlichkeit nicht weichen konnte. Die Distanz bedeutet vielen Schweden das Signal "Ich bin besser - ich bin ein Besserwisser!"

Jüngere Landsleute haben es da inzwischen leichter, und das ist gut so, denn im Norden wächst rund um die Ostsee ein interessanter Wirtschaftsraum. Wenngleich mir schwedische Freunde oft bestätigen, dass es Ostdeutsche mit ihrer zurückhaltenden und anpassungsfähigeren Art leichter haben in Schweden gut anzukommen, so bleibt eine gewisse Distanz zur deutschen Steifheit.

Verständlicherweise fühlt sich ein Schwede häufig unter angloamerikanischen Kollegen, Holländern oder Skandinaviern wohler. Da dem Schweden das Fingerspitzengefühl für das Du und Sie nicht angeboren ist, scheut er sich häufig, seine Deutschkenntnisse anzubringen. Lieber spricht man Englisch, das ja bekanntlich auch nur die Anrede *you* kennt. Als deutschsprachiger Gast in Schweden sollte man es dem Gastgeber nachsehen, wenn er nach dem Vornamen fragt und dann scheinbar stur und respektlos Du sagt.

Respekt kennt der Schwede auch ohne das Sie. Mir geht es nach vielen Jahren in Schweden eher so, dass ich manchmal Probleme hatte, wenn ich jemanden anrufen wollte. Man kennt die Vornamen, aber die Nachnamen sind einem gar nicht so geläufig, was unbestritten ein Nachteil bei der Namenssuche im Telefonbuch ist. Aber dann ruft man eben Erik an und fragt nach der Telefonnummer von Britta, was ja auch kommunikativ ist.

Verwandschaften

Oma, Opa, Tante, Onkel

Ältere schwedische Schreibweisen bringen uns Verwandte so richtig nahe. *Min broder* (man bedenke, dass o hier wie u gesprochen wird) ist mein Bruder und *min moder* folglich meine Mutter, *min fader* ist mein Vater.

Der Hang dazu, vieles zu verschlucken, hat zu gängigen Kurzformen geführt. Deshalb ist der Bruder nur noch *bror*, die Mutter nur noch *mor* und dem Vater bleibt nur das Wörtchen *far*. Das Wort *farfar* ist kein Druckfehler, sondern bezeichnet den Großvater väterlicherseits, also Vaters Vater.

Mutters Mutter wird die *mormor*, also die Großmutter mütterlicherseits. *Mormor* und *farfar* können übrigens auch gekreuzt werden. So sagt ein schwedisches Enkelkind (Enkel = *barnbarn* = Kind vom Kind) zum Opa mütterlicherseits *morfar*, also Mutters Vater. Ebenso funktioniert es, wenn ein Enkel die Oma väterlicherseits ruft: *farmor*.

Das ist eine logische Namengebung für die lieben Verwandten. Unsere Kinder sprechen über Ihre Großeltern beispielsweise von Opa Bonn oder Oma Pyrmont, um so, durch Anhängen des Wohnortes, zwischen Mamas oder Papas Eltern zu unterscheiden. Die Bezeichnungen Mama und Papa sind im Übrigen mit dem Deutschen identisch.

Die Bezeichnung der weiteren Verwandtschaft baut logisch auf dem "Mormor-System" auf. Wir haben gelernt, dass *bror* Bruder und *far* Vater bedeuten. Jetzt kann sich ein Leser mit ausgeprägter Kombinationsgabe bereits den Onkel väterlicherseits ableiten. Das ist der *farbror* (Vaters Bruder) - richtig! Der Bruder der Mutter heißt folglich *morbror* (Mutters Bruder).

Um auf die Bezeichnung der Tante, also gemeint ist nun die Schwester der Mutter, zu kommen, müssen wir noch wissen, wie die Schwester heißt. Dieses Wort erinnert an das englische Wort sister, denn es heißt *syster*. Zu kompliziert scheint es *morsyster* zu bilden. Um weitere Buchstaben beraubt wird die Tante mütterlicherseits zur *moster*, väterlicherseits wäre sie die *faster*.

Manche Kinder haben noch den Genuss einer Urgroßmutter. Vor die Bezeichnung *mormor* wird einfach die Bezeichnung *gammel* (alt) gehängt, also *gammelmormor*. Es handelt sich neben einer gewissen Schmunzelform um die Urgroßmutter mütterlicherseits.

Verwandtschaftsbesuch für vier Wochen

Natürlich erhält man auch im Ausland lebend öfter mal Besuch, von Freunden, Verwandten, verwandten Freunden usw. Noch nicht lange in Schweden, fragten uns Bekannte, ob wir auch Besuch bekommen, denn wir wohnten ja lange in Mittelschweden, also nicht gerade "um die Ecke". "Ja", sagte ich, "min svärmor kommer i fyra veckor". "Oh herregud!" (Oh, Gott!) prustete unsere Bekannte, die heute eine gute Freundin ist. "Så länge?" (So lange?).

Da war irgend etwas besonders verkehrt! Genau. Ich sagte *i fyra veckor* Die Präposition i bedeutet allerdings zeitlich für, also für vier Wochen oder vier Wochen lang sollte meine Schwiegermutter kommen. Das meinte ich nicht (Ich hatte gesagt: Meine Schwiegermutter kommt vier Wochen lang). Ich meinte, sie komme in vier Wochen.

Bei Präpositionen muss man aufpassen, denn sie können die Aussage entscheidend verändern. *Under* kann unter, aber auch während bedeuten. "Under hela sommaren" heißt also "Während des ganzen Sommers".

Schwedische Literatur

Die schwedische Nobelpreisträgerin für Literatur, Selma Lagerlöf, die durch Werke wie Gösta Berling und (in Deutschland) mehr noch durch "Die wunderbare Reise des kleinen Nils Holgersson" bekannt wurde, ist nicht allein unter berühmten schwedischen Literaten.

Keine Schriftstellerin ist heute bekannter als Astrid Lindgren, die weit über die Grenzen Schwedens hinaus Kinder und Erwachsene in eine Welt voller Phantasie und Zauber entführt hat. Pippi Langstrumpf ist die bekannteste Kinderfigur in der ganzen Welt. Die erste Geschichte erschien bereits 1945. Die Hauptdarstellerin Pippi erreichte ein Maß an freiheitlicher Toleranz wie kaum eine weitere literarische Rollenfigur.

Ist das typisch für Schweden? Das bezweifle ich. Eine gewisse gesellschaftliche Enge muss doch existieren, um überhaupt eine solch freie und widersprechende Rolle zu erdenken. Berühmt sind auch Karlsson auf dem Dach, Michel aus Lönneberga (im Original heißt er Emil), Ronja Räubertochter, Madita (Original Madicken), Brüder Löwenherz, Lotta aus der Krachmacherstraße und die Kinder aus Bullerbü.

Ein weiterer Klassiker der schwedischen Literatur ist Wilhelm Moberg, der das Schicksal der "Auswanderer" (*utvandrarna*) nach Amerika beschrieb. Hunderttausende Schweden verließen von der Mitte des 19. Jahrhunderts bis etwa 1930 ihr verarmtes Land, besonders betroffen war Småland, die Heimat Astrid Lindgrens. Es waren gewiss materielle Nöte, die die Menschen nach Amerika trieben, aber eine gewisse gesellschaftliche Enge ist auch hier impliziert.

Auf den Bestsellerlisten der 90-er Jahre findet sich Marianne Fredriksson wieder: "Simon" (Original: Simon och ekarna) und "Hannahs Töchter" (Original: Anna, Hanna & Johanna). Eindrucksvoll sind 100 Jahre schwedischer Geschichte nachgezeichnet.

Zu guter Letzt muss der Name August Strindberg im Zusammenhang mit den Klassikern genannt werden. Diese Klassiker sind ein Schlüssel für das Verständnis schwedischer Geschichte und Gesellschaft. Maj Sjöwall und Per Wahlöö waren nicht nur die Erfinder des auch in Deutschland bekannten Kommissars Martin Beck.

Würdig an die Krimi-Erfolge des Gespanns schließt heute Henning Mankell ("Die falsche Fährte", "Die fünfte Frau", schwedische Titel: "Villospår", "Den femte kvinnan") an. Der idyllische südschwedische Ort Ystad hat sich zu einem Touristenmagnet entwickelt, da hier in den erfolgreichen Mankell-Büchern und auch in den Verfilmungen der Kommissar Kurt Wallander ermittelt.

Jugendlichen ist "Bert" ("Berts Bekenntnisse", "Berts bekännelser") ein Begriff, geschrieben von Anders Jacobsson und Sören Olsson. Aber nicht nur die Literatur hat bekannte Namen hervorgebracht.

Berühmte Schweden - eine nicht literarische Auswahl

Beliebt ist die Einstellung "Ingen nämnd - ingen glömd" - Keinen erwähnt, keinen vergessen. Ich weiche hier mal vom schwedischen Prinzip ab, vergesse berühmte Persönlichkeiten, nenne aber stellvertretend für alle berühmten Schweden, von denen es überraschend viele gibt, einige Namen:

Greta Garbo, Schauspielerin
Carl Bildt, Politiker und Diplomat
Raoul Wallenberg, Diplomat und Industrieller
Dag Hammarskjöld, Politiker, UN
Olof Palme, Politiker
Ingemar Stenmark, Skiläufer
Björn Borg, Tennisstar
Jussi Björling, Tenor
Ingmar Bergman, Regisseur
Ingvar Kamprad aus Elmtaryd Agunnaryd, IKEA-Gründer
Evert Taube, Trubadour
Carl von Linné, Wissenschaftler
Alfred Nobel, Wissenschaftler und Industrieller
Carl Larsson, Maler
Gustav Wasa, König und Staatsmann
Zarah Leander, Sängerin
Anja Pärson, Weltmeisterin im Abfahrtslauf
Göran Eriksson, Fussball-Trainerlegende

Gegenseitig lernen

Welche Schweden lernen Deutsch?

Während die deutsche Sprache auf freiwilliger Basis nach unserer Wiedervereinigung von weit über 50 % der schwedischen Schüler als zweite Fremdsprache gewählt wurde, konnte das Niveau (leider) nicht gehalten werden. Teils liegt das an einem weltweit verbreiteten Sprachlehrerphänomen, teils an grundlegenden Schwierigkeiten, die die deutsche Sprache offenbart.

Sprachlehrer verstehen sich allzu häufig darauf über Sprachen zu sprechen, aber nicht das Sprechen zu fördern. So findet auch in Schweden ein

Großteil des Deutschunterrichts in schwedischer Sprache statt, weil sich ein Lehrer besser hinter der Grammatik verstecken kann, so scheint es. Schwieriger ist es, Sprache anzuwenden.

Da die Lehrer aller Länder sich längst vereinigt haben und sich auf den Standpunkt verständigt haben, alles zu wissen oder wissen zu müssen (also eine Art päpstlicher Unfehlbarkeit im Lehrwesen), geben sie auch keinen Fehler preis. Also spricht der Sprachlehrer über die Sprache, was sogar bei den engagiertesten Schülern zu raschen Ermüdungserscheinungen führt. Die Motivationsmittel für die Fun-Generation sind nicht vorhanden oder nicht zeitgemäss.

Die Reflexionen über die deutsche Sprache in den vorhergehenden Kapiteln machen deutlich, dass die deutsche unter den germanischen Sprachen in jedem Fall die schwierigste ist. Weil nun Deutschland aber ein wichtiger Handelspartner ist, lernen viele junge Schweden mit mehr oder minder ausgeprägter Motivation Deutsch.

Hinzu kommt, dass wir Deutschen in puncto Fremdsprachenkenntnisse nicht gerade einen Ruf von Weltniveau besitzen. Also lernt man in der Regel drei Jahre Basisdeutsch in der Grundschule. Diese Grundschule entspricht etwa einer integrierten Gesamtschule. Nach der Vorschule beginnt man mit Klasse Eins und endet mit Klasse Neun, woran sich eine sehr praktisch orientierte Gymnasialstufe anschließt, eines der Geheimnisse, warum Schweden in den neuen Technologien neben Finnland weltweit führend ist.

In dieser Gymnasialstufe kann ein schwedischer Schüler weitere drei Jahre sein Deutsch intensivieren oder aber eine andere Fremdsprache lernen.

Nach dem Gymnasium hat man also in der Regel sechs Jahre Deutsch gehabt und kann ohne Problem erklären, dass die Präpositionen "unter, über, zwischen und vor" den Dativ fordern. Fraglich bleibt, ob ein Schwede wegen der strengen Grammatik gern sein Deutsch anwendet. Die These, dass eine steife Sprache die Seele eines im Umgang steifen Volkes widerspiegelt, gelingt mir nicht zu widerlegen.

Der Apfel fällt auch in Schweden nicht weit vom Stamm ("Äpplet faller inte långt från trädet", träd = Baum). Daran wird sich auch nicht so rasch grundsätzlich etwas ändern, denn mindestens seit Heinrich Heine wissen wir, dass die Jungen zwitschern, wie die Alten sungen.

Ich stütze die Behauptung, dass ein Schwede, der Holländisch gelernt hat, nicht im gleichen Maße Hemmungen hat, die gelernte Sprache auszuprobieren, wie beim Deutschen. Das ist sehr generalisiert, doch in der Tendenz leider wahr. Es gibt eine weitere Gruppe von Schweden, die Deutsch sprechen, teilweise ohne es in der Schule gelernt zu haben. Spontan kommen uns da einige Bekannte in den Sinn: Martin vom Sportshop im Ferienort Idre, Göran vom Campingplatz in Urshult, Roger vom Gestüt Väbydal in Blekinge - sie alle (und viele mehr) haben Deutsch durch Praxis gelernt. Warum? "Weil viele Deutsche einfach reinkommen und nur Deutsch sprechen" - Das antworten alle unisono. Unsere eigene Erfahrung kann dem nichts entgegensetzen.

"Sind alle Toiletten besetzt?" fragte mich erst kürzlich ein Landsmann wie selbstverständlich auf Deutsch, als ich in Vimmerby in der Astrid-Lindgren-Welt vor verschlossenen Türen stand. Ich hatte weder an der Mütze oder an der Jacke ein Nationalitätskennzeichen. Vielleicht glaubte er ja, dass man in Schweden Deutsch spricht, weil dies ja auch Königin Silvia praktiziert - im deutschen Fernsehen zumindest.

Sonderbar fand eine deutsche Touristin, dass Verkehrsschilder nur in der Landessprache vorhanden waren. Als ich ironisch sagte, dass ja in Deutschland alle Verkehrsschilder auch in Schwedisch erklärt sind, schmunzelte sie verständnisvoll.

Hand aufs Herz. Wie man im Ausland auftritt, das muss jeder mit sich selbst ausmachen, aber der Knigge würde gewiss zu einer sprachlichen Zurückhaltung raten, oder zumindest die höfliche Frage "Sprechen Sie Deutsch?" anmahnen, bevor man sein Anliegen vorträgt. Nur zu sagen: "Welche Fische kann ich hier fangen", "Morgen bekomme ich bitte sieben Brötchen" oder "Wie viel kostet das Eis?" - das entbehrt einer grundlegenden Höflichkeit im Volk der Reiseweltmeister.

Am unterhaltsamsten sind, nachdem man seine Höflichkeitsfloskel vorgetragen hat, gerade diese Schweden, die sich selbst die deutsche Sprache beigebracht haben. Irgendwie haben sie es verstanden, die deutsche Urlauberseele so richtig fröhlich zu stimmen - ganz unverkrampft natürlich.

Ein paar Brocken Schwedisch würden helfen, noch mehr Freude bei unseren nordischen Nachbarn zu erleben. Schließlich gibt es noch den Zufall. Gerade gab es einen Deutschkurs, und da meldet man sich an. Es gehört zum Ruf der Schweden, gerne an Kursen zur Fortbildung teilzunehmen. Nicht nur Lerngründe stehen da Pate, oft haben Kurse rein soziale Funktionen.

Solange in Schweden, alles was so richtig Spaß macht, ordentlich besteuert wird (einschließlich Alkohol), wird sich kein Kneipenleben wie in Deutschland und vielen anderen Ländern entwickeln - zumindest auf dem Land nicht. Da es aber ein grundlegendes soziales Bedürfnis ist, Menschen zu treffen, boomen Kurse, eben weil man sich dort trifft. In Sachen sozialer Spontaneität hat Schweden eine gewisse Steifheit und ein enormes Nachholbedürfnis.

Welche Deutschen lernen Schwedisch?

Schweden ist traditionell ein Reiseland für zähe Individualisten. Erst in den letzten Jahren sind vermehrt mehr oder weniger anspruchsvolle Pauschalreisende zu verzeichnen. Dennoch wird Schweden nie etwas mit Ballermann-Reisezielen zu tun haben. Die 68er-Generation reiste gerne in den Norden, doch Campingbulli und Zelt sind out, zumindest das Ferienhaus am See muss es heute sein.

Wir nennen diese Gäste die Schwedenliebhaber. Unter diesen findet man viele Deutsche, die sich für einen intensiven Schwedenurlaub Abend für Abend in der Volkshochschule abgequält haben, um der Vermieterin stolz zu berichten: "Vi hade mycket vind på Östersjön" (Wir hatten viel Wind auf der Ostsee).

Das ist eine Mühe, die sich bestimmt auszahlt. Geschmeichelt von so guten Sprachkenntnissen öffnet sich das schwedische Herz gleich weit, auch wenn die restliche Kommunikation aus einer deutsch-schwedisch-englischen Mischung besteht. Diese Sorte deutscher Gäste ist tatsächlich sehr beliebt.

Angler wiederum, die übrigens wegen der hervorragenden Angelgewässer einen enormen Anteil an den jährlich etwa 600.000 deutschen Besuchern ausmachen, sind dafür berüchtigt, kompromisslos deutsch zu sprechen. Allerdings gilt diese Besuchergruppe als trinkfest, und es gelingt Anglern immer wieder, den Einheimischen nach fünf Klaren das Geheimnis der besten Angelplätze im besten Deutsch zu entlocken.

Eine aus eigener Erfahrung sehr interessante Gruppe, die Schwedisch lernt, sind deutsche Kinder, die in Schweden aufwachsen. Sie haben die geringsten Probleme mit der Sprache. Die Aussprache ist perfekt, egal mit welcher regionalen Färbung. Das eigentliche Erlernen von Wörtern bei der Zweisprachigkeit führt häufig zu mehr oder weniger unfreiwilliger Komik. Zweisprachige Kinder kompensieren lexikale Lücken. So klingt das fachlich. Praktisch ist es viel lustiger.

Unsere Tochter Lara sah die Taschenlampe auf dem Kamin stehen und sagte: "Gib mir mal die Ficklampe". Das ist wirklich nichts Unanständiges, aber man muss natürlich lachen. *Ficka* ist die Tasche, und Taschenlampe heißt logischerweise *ficklampa.* Das deutsche Gegenstück zu *lampa* wusste unsere Tochter, aber Tasche fiel ihr nicht ein.

Ebenso ist es mit ganz normalen Wörtern. "Gib mir mal den Hjälm", sagte unser Sohn, weil ihm Helm nicht einfiel. Gerne benutzten unsere Kinder schwedische Präpositionen und Konjunktionen im Deutschen, weil ihnen das deutsche Gegenstück gerade nicht geläufig war. "Mein Fröken hat gesagt, att ich kein Spielzeug mitbringen soll." Das *fröken* wäre die Kindergärtnerin (Fräulein), *att* entspricht dem deutschen "dass".

Wenn unsere "kleinen Schweden" dann fragen, ob sie noch "eine kleine Stunde Kinderprogramm sehen können", dann meinen sie mit Stunde nur einen Moment, denn *stund* heißt Moment, während Stunde auf Schwedisch *timme* ist.

Insgesamt leben etwa 11.000 Deutsche in Schweden (und fast 20.000 Schweden in Deutschland). Man kann davon ausgehen, dass die meisten Deutschen, die hier im Norden wohnhaft sind, Schwedisch sprechen. Aber auch, wenn man alle VHS-Schweden und Schwedischstudenten in Deutschland dazu rechnet, so kann man sich sicher sein, eine Nischensprache erlernt zu haben. Wer sich beruflich allerdings noch orientiert, der sollte im Kopf haben, das Schweden zahlreiche Berufe bietet, die daheim Mangelware sind: Lehrer, Ingenieure, Krankenpfleger, Musiker und viele mehr finden - Sprachkenntnisse vorausgesetzt - einen raschen Berufseinstieg. Die Nordischen Länder allesamt haben so gut wie keine Arbeitslosen. Auch über 50-jährige wechseln ungehemmt den Beruf, um sich zu verwirklichen.

Das Schwedische Institut (Svenska Institutet) bietet jeden Sommer Intensivkurse Schwedisch an. Zahlreiche Volkshochschulen (VHS) ermöglichen das Erlernen der Grundkenntnisse. Manche Universitäten tolerieren auch "externe Hobbyschweden" in ihren regulären Sprachkursen. In etwa zehn Unistädten lehrt man Skandinavistik. Autodidaktische Kurse können eine gewisse Hilfestellung sein.

Langenscheidt ist nur einer der Anbieter auf dem Markt, die Ausgaben des Hueber-Verlages fanden wir smarter, aber fragen Sie gerne Experten um Rat. Es wird Sie jucken, mehr und mehr Schwedisch zu lernen, um zu sehen, dass der Charme einer Sprache auch den Charme einer Gesellschaft ausmacht.

Wir sagen vorsorglich schon mal: "Välkommen till Sverige".

Hilfreiche Adressen

- Svenska Institutet (SI Schwedisches Institut), Skeppsbron 2, Box 7434, S-10391 Stockholm, 0046/84537800, FAX 0046/8207248, www.si.se, www.sverige.de, www.sweden.de

- Arbetsförmedlingen (Arbeitsvermittlung), AMS Informationsenhet, S- 11399 Stockholm, 0046/858606000, FAX 0046/85860648, www.amv.se

- Fremdenverkehrsamt Visit Schweden, Michaelisstr. 22, 20459 Hamburg, Infotelefon: 069/22223496, www.visitsweden.com, germany@visitsweden.com

- Reisen nach Schweden: www.dertour.de und in 12.000 Reisebüros

- Ferienhäuser: www.novasol.de oder www.smaland-ferienhaus.de

Zum Schluss

Vielleicht hat Ihnen dieses Buch nicht nur Spaß gemacht, es kann ja sein, dass Sie noch einige Anmerkungen oder Anregungen haben, die uns sehr interessieren würden. Wir möchten Sie ermutigen, Ihre Kommentare an den Conrad Stein Verlag zu schicken, per Brief, E-Mail oder Fax.

Zur vorliegenden 5. Auflage haben folgende Leser Zuschriften geschickt, für die wir uns herzlich bedanken: Bernd Weise, Berlin, Johan Arenbo, Berlin, Eva Gollan-Wittmann, Hammerstrand/Schweden, Hellmut Klevenow, Berlin

Wir bedanken uns außerdem bei dem Autor von "Oh, dieses Dänisch", Reinhart Behr, der uns schon vorab einige Tipps gab.

Sie können Ihre Anregungen auch per E-Mail direkt an die Autoren senden: rudiger@telia.com Wir werden Anregungen in späteren Auflagen gern berücksichtigen.

Schwedische Nationalhymne - Den Svenska Nationalsången:

Du gamla, du fria, du fjällhöga nord,
Du tysta du glädjerika sköna.
Jag älskar dig vänaste land upp på jord,
Din sol din himmel dina ängder gröna
Din sol din himmel dina ängder gröna.
Du tronar på minnen fornstora dar,
Då ärat ditt namn flög över jorden,
Jag vet att du är och förblir vad du var,
Ja jag vill leva jag vill dö i norden,
Ja jag vill leva jag vill dö i norden

Du alter, du freier, du fjäll-hoher Norden,
Du schweigsamer, du Freude bringender Schöner.
Ich liebe das beste Land auf der Erde,
Deine Sonne deinen Himmel deine grünen Wiesen,
Deine Sonne deinen Himmel deine grünen Wiesen,
Du thronst auf Gedanken aus der großen alten Zeit,
Als dein Name geehrt über die Erde glitt,
Ich weiß, dass du bist und du bleibst, was du warst,
Ja, ich will leben, ich will sterben im Norden,
Ja, ich will leben, ich will sterben im Norden

…und das möchten wir auch!

Cornelia und Rüdiger Lohf

Alle Bücher aus dem Conrad Stein Verlag

ReiseHandbücher

Antarktis	24,90
Grönland	14,90
Iran	22,90
Kiel	12,90
Kiel von oben - Luftbildband	9,90
Kurs Nord	24,90
Rumänien	14,90
Schweiz	18,90
Sibirien	22,90
Spitzbergen-Handbuch	24,90
Tansania Sansibar	22,90

OutdoorHandbücher - Basiswissen für draußen

Band		€
1	Rafting	6,90
2	Mountainbiking	7,90
3	Knoten	6,90
4	Karte Kompass GPS	7,90
5	Essbare Wildpflanzen	7,90
6	Skiwandern	6,90
7	Wildniswandern	6,90
8	Kochen 1 aus Rucks. u. Packt.	7,90
9	Bergwandern	6,90
10	Solo im Kanu	6,90
11	Kanuwandern	7,90
12	Fotografieren	7,90
13	Wetter	6,90
14	Allein im Wald - Survival für Kinder	6,90
15	Wandern mit Kind	6,90
16	Sex-Vorb. Technik Varianten	6,90
20	Wüsten-Survival	7,90
21	Angeln	7,90
22	Leben in der Wildnis	7,90
24	Ratgeber rund ums Wohnmobil	7,90
25	Wale beobachten	7,90
30	Spuren & Fährten	6,90
31	Canyoning	7,90
34	Radwandern	7,90
35	Mushing - Hundeschlittenfahren	7,90
36	Gesund unterwegs	6,90
39	Erste Hilfe	7,90
45	Solotrekking	6,90
48	Für Frauen	6,90
58	Fahrtensegeln	7,90
65	Seekajak	6,90
68	Minimal Impact - Outdoor - naturverträglich	6,90
69	Abenteuer Teeniegruppe	6,90
70	Wintertrekking	6,90

Band		€
72	Schnorcheln und Tauchen	6,90
73	Trekkingreiten	7,90
77	Wohnmobil in USA und Kanada	9,90
86	Regenwaldexpeditionen	7,90
94	Wattwandern	7,90
97	Urlaub auf dem Land	7,90
99	Kochen 2 - für Camper	6,90
100	Ausrüstung 1 - von Kopf bis Fuß	7,90
101	Ausrüstung 2 - für Camp und Küche	7,90
102	Ballonfahren	7,90
103	How to shit in the Woods	7,90
104	Globetrotten	7,90
106	Daumensprung und Jakobsstab	6,90
108	DocHoliday - Taschendoktor für Outdoorer, Traveller und Yachties	6,90
120	Trailfinder - Orientierung <u>ohne</u> Kompass und GPS	6,90
129	Kochen 3 - für Zeltlager & Freizeiten	7,90
131	Zeltlager und Jugendfreizeiten - Planung und Vorbereitung	7,90
138	Zeltlager und Jugendfreizeiten 2 Durchführung	7,90
143	Trekking mit Hund	9,90
148	Wenn Kinder fliegen	7,90
165	Fastenwandern	6,90
170	Höhlen - Praxistipps	7,90
176	Vulkane erleben	7,90
181	Kurzweilfibel	7,90
184	Trekking Ultraleicht	9,90
197	Pilgern auf d. Jakobswegen	7,90
199	Basiswissen für Wildnisführer	9,90
203	Geocaching	7,90
210	Wale erforschen	9,90

OutdoorHandbücher - Der Weg ist das Ziel

Band		€
17	Schweden: Sarek	12,90
18	Schweden: Kungsleden	12,90
19	Kanada: Yukon - Kanu- und Floßtour	12,90
23	Spanien: Jakobsweg	14,90
26	Schottland: West Highland Way	12,90
27	John Muir Trail (USA)	10,90
28	Island: Trekking Klassiker	14,90
29	Kanada: West Coast Trail	9,90
32	Polen: Radtouren in Masuren	12,90
33	Trans-Alatau (GUS)	10,90
37	Kanada: Bowron Lakes	9,90
38	Polen: Kanutouren in Masuren	12,90
40	Trans-Korsika: GR 20	14,90
41	Norwegen: Hardangervidda	12,90
42	Nepal: Annapurna	9,90
43	Schottland: Speyside Way	14,90
44	Tansania: Kilimanjaro	14,90
49	USA: Grand Canyon Trails	9,90
50	Kanada: Rocky Mount. Tageswand.	12,90
51	Tasmanien: Overland Track	12,90
52	Neuseeland: Fiordland	10,90
53	Irland: Shannon-Erne	12,90
54	Südafrika: Drakensberge	10,90
55	Spanien: Pyrenäenweg GR 11	12,90
56	Polen: Kanutouren in Pommern	12,90
57	Kanada: Great Divide Trails	9,90
59	Kanada: Wood Buffalo NP (Kanu)	9,90
60	Kanada: Chilkoot Trail	9,90
61	Kanada: Rocky Mountains-Radt.	10,90
62	Irland: Kerry Way	12,90
63	Schweden: Dalsland-Kanal	12,90
64	England: Pennine Way	12,90
66	Alaska Highway	12,90
67	Kanada: Rocky Mountains Rundtour	16,90
71	Nordsp.: Jakobsweg-Küstenweg	14,90
74	Nordirland: Coastal Ulster Way	10,90
76	Pfälzerwald-Vogesen-Weg	9,90
78	Polen: Pisa-Narew (Kanuroute)	9,90
79	Bolivien: Choro Trail	10,90
80	Peru: Inka Trail u. Region Cusco	12,90
81	Chile: Torres del Paine Circuito	12,90
82	Norwegen: Jotunheimen	12,90
83	Neuseeland: Stewart Island	9,90
84	USA: Route 66	9,90
85	Finnland: Bärenrunde	9,90

Band		€
87	F/CH/I: Montblanc-Rundweg - TMB	9,90
88	Griechenland: Trans-Kreta E4	12,90
89	Schweden: Skåneleden	9,90
90	Mallorca: Serra de Tramuntana	9,90
91	Italien: Trans-Apennin	9,90
92	England: Themse-Ring	9,90
93	Spanien: Sierra Nevada	12,90
95	Norwegen: Nordkap-Route	12,90
96	Polen: Czarna Hancza/Biebrza-Kanu	9,90
98	Wales: Offa's Dyke Path	9,90
107	F: GR 5 - Genfer See - Nizza	12,90
109	Mecklenb. Seenplatte Kanurundtour	9,90
112	Norwegen: Telemark-Kanal	9,90
113	Thüringen: Rennsteig	9,90
114	Alpen: Dreiländerweg (CH/A/I)	9,90
115	Tschechien: Freundschaftsweg	12,90
116	Spanien: Jakobsweg - Vía de la Plata	14,90
117	Schweiz: Jakobsweg	12,90
118	Rund Australien	14,90
119	Schwäb. Alb: Hauptwanderweg	12,90
121	Italien: Dolomiten-Rundweg	9,90
122	D/CH: Schwarzwald-Jura-Weg	9,90
127	Uganda: Ruwenzori	14,90
128	Frankreich: Jakobsweg GR 65	14,90
132	Dem Kommissar auf der Spur	12,90
133	NRW: Natur und KulTour (per Rad)	12,90
134	Mecklenburg- Vorpommern per Rad	9,90
135	Rund Schleswig - Holstein per Rad	9,90
136	Schweiz: Matterhorn - Tour du Cervin	9,90
137	Grönland: Arctic Circle Trail	12,90
139	Belgien: Jakobsweg - Via Mosana	9,90
140	Italien: Alpiner Wanderweg Friaul	12,90
141	Nordspanien: Jakobsweg Alternativr.	12,90
142	D: Jakobsweg Tillyschanz-Konstanz	9,90
144	Kanada: East Coast Trail	9,90
145	Dänemark: Bornholm z. Fuß u.p. Rad	9,90
146	Tschechien: Isergebirge	12,90
147	NRW: Jakobsweg	12,90
149	Nordsp.: Jakobsweg durch den Tunnel v. San Adrián	9,90
150	England: Cleveland Way	9,90
151	Kirgistan: Trekking im Tienschan	12,90
152	Nepal: Langtang, Gosainkund u. Helambu	12,90
154	Deutschland: Rothaarsteig	9,90

Band		€
155	Deutschland: Jakobsweg Aschaffenburg - Freiburg	12,90
156	Südafrika: Wild Coast Trail	12,90
157	Österreich: Jakobsweg	14,90
159	Sächsische Schweiz: Trekkingtour	9,90
160	BB: Wochenendtouren rund um Berlin	9,90
161	Italien: Ligurischer Höhenweg	12,90
162	Frankr.: Jakobsweg - Via Tolosana	12,90
163	Harz: Hexenstieg	9,90
164	Teutoburger Wald: Hermannsweg	9,90
166	Frankreich: Jakobsweg Via Lemovicensis	12,90
167	NL: Nordseeküstenradweg	12,90
168	Bulgarien: Rila- u. Piringebirge	12,90
169	Dänemark: Nordseeküstenradweg	9,90
171	Türkei: Lykischer Weg	9,90
172	Skandinavien: Nordkalottleden	9,90
173	Russland: Flusskreuzfahrt	14,90
174	England: Hadrian's Wall Path	9,90
175	Schweiz: Bärentrek	9,90
177	Frankreich: Wandern im Vercors	9,90
178	Mit dem Rad von Hamburg durch d. südliche Schleswig-Holstein	9,90
179	Dänemark: Ostseeküstenradweg	9,90

Band		€
180	Deutschland: Nordseeküstenradweg	12,90
183	Österreich: Bregenzerwald	9,90
185	Portugal/Spanien: Jakobsweg Caminho Português	14,90
186	Italien: Franziskaner Wanderweg	9,90
187	Jakobsweg: München - Bregenz	9,90
188	Jakobsweg: Augsburg - Bregenz	9,90
189	BB: Pilgerweg Berlin - Wilsnack	9,90
190	Schottland: Central Highlands & Cairngorms National Park	12,90
192	Rund um Island	14,90
194	Deutschland Frankreich: Jakobsweg Trier - Vézalay	14,90
195	I: Sentiero Italia Trans Sardinien	14,90
196	Kenia: Mount Kenya	14,90
200	S-H: Wikinger-Friesen-Weg	9,90
201	Schweiz Italien: Via Francigena	14,90
202	Hessen: Kellerwaldsteig	9,90
212	Kanarische Inseln: Wanderungen auf La Gomera	16,90
218	NRW: 5 am Tag-Marathonroute in Welver	9,90

OutdoorHandbücher - Fernweh-Schmöker

Band		€
46	Blockhüttentagebuch	12,90
47	Floßfahrt nach Alaska	10,90
75	Auf nach Down Under	7,90
105	Südsee-Trauminsel	9,90
110	Huskygesang-Hundeschlittenfahrt	7,90
111	Liebe - Schnaps - Tod	7,90
123	Pacific Crest Trail	9,90
124	Zwei Greenhorns in Alaska	6,90
125	Auf dem Weg zu Jakob	9,90

Band		€
126	Kilimanjaro-Lesebuch	7,90
130	1.000 Tage Wohnmobil	12,90
153	Jakobsweg - Lesebuch	7,90
158	Inselfieber	9,90
182	Als Frau allein auf der Via de la Plata	7,90
193	Weites Grünes Land	8,90
205	Als Frau allein durch Afrika	16,90

Fremdsprech

Band		€
1	Oh, dieses Dänisch	4,90
2	Oh, dieses Schwedisch	4,90
3	Oh, dieses Spanisch	4,90
4	Oh, dieses Englisch	4,90
5	Oh, dieses Französisch	4,90
6	Oh, dieses Russisch	4,90

Band		€
7	Oh, dieses Norwegisch	4,90
8	Oh, dieses Niederländisch	4,90
9	Oh, dieses Chinesisch	4,90
10	Oh, dieses Österreichisch	4,90
11	Oh, dieses Polnisch	4,90
12	Oh, dieses Schweizerdeutsch	4,90